Cupido es un murciélago

Cupido es un murciélago

María Fernanda Heredia

Ilustraciones de María Claudia Linares

GRUPO
EDITORIAL
norma

http://www.librerianorma.com
Bogotá, Barcelona, Buenos Aires, Caracas,
Guatemala, Lima, México, Miami, Panamá,
Quito, San José, San Juan, San Salvador,
Santiago de Chile, Santo Domingo.

Heredia, María Fernanda, 1970-
   Cupido es un murciélago / María Fernanda Heredia ;
ilustraciones María Claudia Linares. - Bogotá : Grupo
Editorial Norma, 2007.
   160 p. : il. ; 20 cm. - (Colección Torre de papel. Torre
amarilla)
   Recomendado para niños a partir de los 11 años.
   ISBN 978-958-45-0248-3
1. Cuentos juveniles ecuatorianos 2. Amor - Cuentos
juveniles 3. Humor en la literatura I. Linares, María Claudia, il.
II. tít. III. Serie.
I863.6 cd 21 ed.
A1126878

   CEP-Banco de la República-Biblioteca Luis Ángel Arango

Impreso por Editora Géminis Ltda.
Impreso en Colombia- Printed in Colombia
Marzo, 2011

Ilustraciones: María Claudia Linares
Edición: Cristina Puerta
Diagramación y armada: Nohora E. Betancourt V.

CC 12318
ISBN: 978-958-45-0248-3

Contenido

*A Javier,
que escucha
mis historias
de ángeles y
murciélagos.*

*A Isabel,
mi compañera,
mi cómplice,
mi abuela.*

Fue a primera vista, lo sé.

Cuando abrí la puerta y la miré, ella estaba frente al espejo acomodándose un mechón de pelo que le caía sobre la mejilla. Volteó su rostro, abrió los ojos sorprendida y caminó hacia mí.

A un metro de distancia se detuvo, igual que mi respiración y mi corazón, hizo una mueca casi imperceptible con el labio superior y luego gritó:

—¡Largo de aquí, tonto, este es el baño de mujeres!

De inmediato me lanzó un portazo en plena nariz; y el golpe resultó tan pero tan fuerte, que me provocó un abundante sangrado durante algunos minutos.

Aquel día aprendí dos cosas muy importantes: la primera, que el baño de hombres era el que quedaba junto a la cancha de fútbol y la segunda, que el amor, cuando llega, puede golpear las puertas del corazón y, de paso, la nariz.

Javier

1

Me llamo Javier, pero eso a pocos les interesa. Mamá me dice "pequeño"; papá, "campeón"; la abuela me dice "lagartijo"; y en el colegio todavía hay quien me llama "el nuevo".

Pero en realidad no soy tan nuevo, tengo 12 años y aunque sigo haciendo uso de la misma cara y la misma voz que cuando tenía 11, ya he comenzado a pagar el boleto de adultos cuando voy al cine.

De entre los 28.419 colegios que deben existir en esta ciudad, mis padres decidieron matricularme en el Instituto Educativo 1 de Marzo. Qué nombre tonto, ¿verdad? "Instituto Educativo 1 de Marzo".

Tan pronto llegué, el primer día, le pregunté a una maestra por qué el colegio se llamaba así, pensé que quizá se trataría del homenaje a una fecha cívica, de esas en las que todos tenemos que acordarnos de alguna guerra, de una batalla. Pensé que tal vez sería la fecha de nacimiento de algún prócer famoso, de esos que usaban patillas gordas y tenían cara de billete. Pero no, resulta que el 1 de marzo es la fecha en que recordamos el cumpleaños del bisabuelo del licenciado Seco. ¿Y quién es el licenciado Seco? Es el director que, a su vez, es el bisnieto de su bisabuelo, que fue el fundador de este colegio. Entonces imagino que cuando esa fecha llegue, todos, formados en alguna cancha, cantaremos una canción de "Feliz cumpleaños a ti" que seguramente tendrá pinta de himno ceremonioso.

El colegio se ha construido alrededor de lo que alguna vez fue la casa del bisabuelo Seco, un señor que, ahora lo sé, se llamó don Temístocles Seco, supongo que ese es el motivo por el que sus familiares decidieron bautizar a la institución con una fecha de cumpleaños y no con el horrible nombre que le tocó al pobre señor.

¿Cómo se hace para sobrevivir con un nombre así? Casi puedo imaginar el panorama de pavor: "Temístocles, ¿ya hiciste la tarea?", "Teeemis, la cena está lista", "Temístocles y María se aman". ¡Qué horror!, hay ciertos nombres que deberían estar prohibidos en la

Constitución de la República y en el Manual de nombres para recién nacidos (si este no existe... podría ser una buena idea que a alguien se le ocurriera inventarlo, ¿no?).

Bueno, continúo con el colegio; la casa principal es inmensa, una mansión antigua que tiene más de 17 habitaciones, lo repito ¡más de 17 habitaciones! Parecería que al bisabuelo además de fundar colegios le gustaba tener hijos. O, tal vez, llegó a tener tantos hijos que le resultó más económico abrir un colegio propio para que la familia tuviera dónde educarse.

En el jardín existen tres edificios adicionales, más modernos que los anteriores. Son edificios blancos y sin mucha gracia, con tres pisos llenos de ventanas cuadradas.

Existe un detalle curioso, o, mejor dicho, estúpido. Me he podido dar cuenta de que en este colegio hay muchos rótulos con mensajes tontos. Junto a los basureros que están desperdigados por todos lados hay un rótulo que dice: "Basurero. Deposite aquí la basura". Pero claro, si los basureros sirven para eso ¿o qué se han imaginado?, ¿que están ahí para subirse en ellos y volar a la Luna? Junto a la pileta hay un rótulo que dice "Pileta", bajo el limonero hay uno que dice "Limonero" y junto a la cancha de fútbol uno que dice "Cancha de fútbol". Hay tantos rótulos innecesarios por cada rincón que no me sorprendería que un día de estos me obligaran a llevar uno pegado a la cabeza que dijera "Niño".

Ser "el nuevo" de la clase no es agradable, pero ya estoy acostumbrado a los cambios. Me he mudado de casa, de colegio y, un par de veces, de país. Mi papá tiene un trabajo de aquellos en que parecería que el jefe llega cualquier día y dice "Hey, tú, el de pantalón azul, desde mañana trabajarás en otro país". Entonces empacamos, la casa se vuelve un desastre, asistimos a fiestas de despedida y "borra y va de nuevo".

Mi papá dice que eso es bueno, porque tanto cambio significa que le va muy bien en su trabajo. Mi mamá dice que es bueno porque podemos conocer muchos lugares y muchas personas. Mi hermano mayor dice que es bueno porque papá y mamá dicen que es bueno, y él nunca discute las opiniones de los mayores. Y yo digo que no me gusta… pero de todas maneras pierdo por 3 votos contra 1; por lo tanto, queda claro que mi opinión vale lo mismo que un rábano.

Cuando uno es nuevo en el colegio, todos lo miran como a una cucaracha, con curiosidad y un poco de miedo (o asco). El primer día todos preguntan:

—¿Cómo te llamas?

—Javier.

—¿Con X o con J?

—Con J.

Y esa segunda pregunta jamás tendrá sentido, porque en adelante cada uno y cada una escribirá mi nombre como se le antoje (casi siempre con X, o sea, mal).

Pero lo que está muy bien, cuando te cambias de colegio, es que lo tienes todo nuevo: el uniforme, los zapatos, la mochila, el traje de deportes, los libros, etc. Esto lo saben solo los que, como yo, han sufrido ese fenómeno "hereditario" que padecemos quienes tenemos uno o varios hermanos mayores. En mi caso, he pasado la vida entera usando la ropa que a mi hermano José le iba quedando chica. Cuando eso ocurría mamá aparecía con esa sentencia que yo odiaba: "Pero si esto todavía está nuevo, vamos, Javier, pruébatelo para ver cómo te queda".

Entonces yo me probaba un pantalón larguísimo o una camisa que me llegaba hasta las rodillas mientras mamá, acomodando alfileres por todas partes, decía: "Si subimos unos centímetros de este dobladillo y ponemos por aquí una costurita, quedará perfecto". Y no quedaba perfecto, porque a mí no me gustaba usar la ropa de José... pero nuevamente perdía por ser minoría.

Mi hermano y yo hemos tenido, desde siempre, las rodillas en diferentes posiciones. No me refiero a que somos un par de fenómenos que nacimos con las rodillas junto a las orejas y un par de antenas en la frente; lo que

quiero decir es que cuando José tenía 10 años las marcas que sus rodillas dejaban en los pantalones nunca fueron las mismas que yo dejé a esa edad. A él eso no le importaba, claro, pero a mí sí, porque yo era el que heredaba su ropa y lucía totalmente desproporcionado cuando las marcas del desgaste de la tela en sus rodillas a mí me quedaban demasiado cerca de los pies.

José es más alto que yo, él tiene 15 y se cree el clon de Schwarzenegger, pero la abuela me dice que no debo preocuparme, porque un día yo también creceré y seré mucho más alto que José. Yo siempre he creído en la abuela y sé que ella nunca se equivoca. Un día mediré dos metros y tendré las rodillas mucho más arriba que las de José. Ahí lo quiero ver.

Afortunadamente en esta ocasión no heredaré su uniforme. José consiguió que mis padres lo inscribieran en un colegio diferente al mío, un colegio "musical" de aquellos en los que, además de enseñarle Ciencias y Lenguaje, le dan unas clases de violín y guitarra clásica. Con eso está asegurado que José se convertirá en un concertista y que mis padres seguirán presumiendo en casa cada vez que hay invitados:

—Vamos, José, toca el violín para el tío Carlitos.

José alucina con su público.

Yo… bostezo.

2

El primer día en un colegio nuevo es siempre una pesadez. Tienes que permanecer varias horas con chicos y chicas que hablan entre ellos, que cuentan lo bien que la pasaron en las vacaciones, que traen fotografías de los lugares que visitaron, y que te miran como si fueras un bicho que se ha escapado del laboratorio de Biología.

Cuando eres "nuevo" nada te quita la sensación horrible de ser algo parecido a un extraterrestre. Te sientes solo, muy solo. Si nadie rompe el hielo y se acerca a ti, solo tienes una opción: hablar con otro "nuevo", cruzar cuatro o cinco preguntas poco importantes, y luego nada, volver al silencio. Pero al menos ya has hablado con una persona, y, por si a alguien le quedaba la duda, ya has demostrado que tienes lengua, garganta y dientes, y que sabes hablar el mismo idioma que el resto.

La maestra es una mujer de aquellas a las que resulta imposible calcularles la edad. Podría tener 28 años bastante aporreados, o 55 muy bien disimulados.

Intenta ser cortés hasta convertirse en un ser exageradamente dulzón. Todas sus frases las acompaña con la palabra "cariño": "¿Puedes limpiar el pizarrón, cariño?", "¿Ya aprendiste la fórmula, cariño?", "¡Sal de la clase, charlatán insoportable, y no regreses hasta que tus padres vuelvan contigo, cariño!".

Se llama Consuelo y no se cansa de repetir con voz aguda y melosa "llámenme Chelito". Y más vale que luego de esa advertencia todos seamos obedientes. Ambos detalles, lo de "cariño" y lo de "Chelito" pude constatarlos el primer día cuando llegué al colegio y me la encontré en la puerta. Ella estaba dando la bienvenida a padres y alumnos:

—Buen día, señorita Consuelo —le dije.

Ya habíamos tenido la oportunidad de conocernos durante las pruebas y citas previas al inicio de clases. Ella de inmediato me lanzó una mirada fulminante y rabiosa, entonces me dijo:

—No, cariño, ya te dije que Consuelo no…

—¿Clemencia?

—¡No!

—¿Piedad?

—¡No! —dijo agarrando los anteojos con evidente fastidio, aunque intentaba que su voz luciera gentil—. Me llamo Consuelo pero debes llamarme Chelito, cariño, ¿entendiste?

—Sí.

—Sí, ¿qué?

—Sí, entendí.

—Entendiste qué.

—Que usted se llama Consuelo, pero debo llamarla "cariño".

—No. "Cariño", no. Chelito.

—Está bien, Chelito… sin cariño.

Continué caminando rumbo a la clase algo molesto por el incidente, pero, para evitar nuevos disgustos, fui repitiendo el nombre de la maestra para que jamás se borrara de mi cabeza.

Chelito es una mujer alta y delgadísima, parecería que su esqueleto apenas ha logrado cubrirse con una capa mínima de piel. Es tan delgada que las medias se le escurren desde la rodilla hasta el talón, lugar en el que se acumulan en pliegues interminables. Si los átomos existen en sus medias de nailon, imagino que deben haber formado naciones inmensas y muy pobladas entre esas altas montañas y profundos dobleces. Supongo que esos átomos deben organizar eventos de deportes extremos en las medias de Chelito: "Concurso de parapente en la rodilla", "Gran 'rally' de átomos rumbo al empeine".

En un intento poco original por ser amable, lo primero que Chelito dijo fue: "no quiero que me miren como a una maestra sino como a una amiga". Pero bueno, cumplir con ese deseo es una tarea demasiado difícil, ser amigo de una señora que puede ponerte la peor de las calificaciones sin misericordia o que tiene la facultad para llamar a tus padres y anunciarles que te has portado como un delincuente en plena clase es imposible.

Durante la primera hora ella dijo frente a todos:

—Voy a presentarles a sus dos nuevos compañeritos, quiero que pasen adelante, nos digan sus nombres y qué esperan del Instituto Educativo 1 de Marzo.

Los dos nuevos pasamos al frente y la primera en hablar dijo:

—Me llamo Isabel Martínez y espero poder hacer muchos amigos y amigas, aprender cosas interesantes, jugar fútbol y divertirme.

—Muy bien, cariño, te damos la bienvenida. Ahora es tu turno.

La maestra dirigió sus ojos diminutos hacia mí y sonrió desplegando sus labios atiborrados de un exagerado color fucsia brillante. Ella ignoraba cuánto odio hablar en público, así es que dije:

—Me llamo Javier.

—Bien, Javier, ¿y qué más…? —preguntó con voz de canario.

—Solo Javier, no tengo otro nombre.

—Está bien, cariño, pero qué más tienes que decirnos, qué esperas del colegio.

—Ah. Bien. Yo espero…

Intenté articular alguna palabra pero no me fue posible. Isabel, la otra nueva, había dicho todo lo que yo quería decir, lo de los amigos, lo de aprender, lo de divertirme, lo del fútbol. Ella había agotado todas las posibles respuestas y yo ya no tenía nada nuevo que comentar. Entonces retomé el inicio como intentando gastar el tiempo con palabras vacías:

—Del Instituto Educativo 1 de Marzo yo esperoooo…

—¿Sí? —dijo la maestra abriendo los ojos y moviendo sus manos como impulsando a que mis palabras salieran de algún lugar profundo, insondable y oscuro.

La clase estaba en silencio absoluto, todos los ojos clavados en mí esperaban una respuesta. Entonces algo me salvó: Isabel estornudó como todo un coronel de policía (con ruido, estertores y muecas) y con eso rompió el silencio de hospital que reinaba en la clase. En ese momento volteé a mirarla y ella me dijo rápidamente y en voz baja, mientras se llevaba una mano a la boca para disimular: "segundo hogar".

Entonces respondí:

—Espero que el Instituto 1 de Marzo sea como mi segundo hogar.

La maestra me miró con emoción maternal, hizo como si secara de sus ojos unas inexistentes lágrimas y me dijo:

—Bellísimas palabras, cariño, bellísimas.

Luego lanzó a la clase una pregunta que, para los nuevos, resulta siempre desagradable:

—¿Hay alguien que quiera invitar a Isabel o a Javier a compartir su banca?

Nuevamente silencio total. Los pupitres venían ensamblados de a dos y casi todos estaban ocupados. Ocupados por seres humanos de entre 11 y 12 años, incapaces de provocar un gesto amable en sus caras. Estoy seguro de que, si en ese momento hubiera caído un rayo sobre la clase, nadie se habría inmutado.

—Repetiré la pregunta —dijo con poco tacto la maestra—: ¿hay alguien que, dando muestra de la hospitalidad y cordialidad que caracteriza a los estudiantes de nuestra noble institución, quiera compartir su banca con uno de los compañeros nuevos?

Otra vez silencio. Había miradas que se dirigían al techo. Niñas que se fijaban atentamente en el tamaño de las uñas de sus manos. Niños que fingían escribir algo en un cuaderno. Al parecer la hospitalidad no era una característica muy marcada en mis compañeros y compañeras, que parecían congelados en el hielo de la Antártida.

Entonces Isabel dijo:

—¿Y qué tal si me siento junto a Javier?

—Muy buena idea —respondió la maestra, que aún en ese momento no se había dado cuenta de que nuestra presencia era casi tan importante como un pepino, para nuestros compañeros.

Nos ubicamos casi al final del salón sin chistar. El primer mal momento, obligatorio para todo alumno nuevo, ya había pasado. Tan pronto pude le dije a Isabel:

—Gracias.

—¿Por qué? —preguntó ella.

—Porque me salvaste, no se me ocurría ni una sola idea para responder la pregunta de la maestra.

—Ah… por nada. Hay frases horribles y trilladísimas que a la gente le encanta escuchar. No imaginas la cantidad de maestros que se emocionan cuando les dices que la escuela es "como tu segundo hogar", nunca falla… ya has hecho la prueba, ¿no?

—Tienes razón.

—Y hay muchas frases más, horribles y cursis todas, que nunca fallan y que se pueden usar en diversas situaciones.

—¿Como cuál?

—"Hacer tus sueños realidad".

—¿Qué?

—"Hacer tus sueños realidad".

—No entiendo.

En ese momento la maestra Chelito, desde el frente de la clase, se dirigió a Isabel y le dijo en voz alta, evidentemente molesta y con el ceño fruncido:

—Parece que tu conversación es muy interesante, Isabel Martínez, y quizá te gustaría compartir con todos lo que le estás diciendo a Javier. Ponte de pie y quiero que repitas lo que estabas cuchicheando.

—Era algo sin importancia, Chelito.

—¡Que lo repitas he dicho! —gritó aquella que diez minutos antes había pedido amablemente: "Quiero que me vean como a una amiga", pero que quizá debió aclarar que con ese genio bien podría ser amiga de Chucky, "el muñeco diabólico".

Los dos nos quedamos algo asustados, Isabel se puso de pie, se acomodó el uniforme y respondió:

—Lo que le estaba diciendo a Javier era que al haber llegado a este colegio… mis sueños se han hecho realidad.

La maestra volvió a poner cara de llanto, eliminó de su rostro la mueca de rabia y con sonrisa temblorosa comentó:

—Bellísimas palabras, cariño, bellísimas.

Isabel se sentó nuevamente con gesto triunfante, me miró y en voz muy bajita añadió:

—Te lo dije.

3

Hasta las 11:45 de aquel primer día de clases, nadie, salvo Isabel, me había dirigido la palabra. Durante el recreo ambos decidimos caminar por todo el colegio, en un acto que podría llamarse "reconocimiento del terreno".

En realidad, me habría gustado mucho más que alguien me invitara a jugar fútbol o canicas, pero ya he dicho que mis compañeros me habían dado una primera impresión muy poco amable, eran seres fríos que me miraban como si yo llevara en el cuello un collar de ajos.

En un momento decidí separarme de Isabel, quería ir al baño y eso es algo que para los chicos no admite ningún tipo de compañía. Gran diferencia con las chicas, que siempre van de a dos o de a tres, como si al llegar solas al baño, el sanitario se convirtiera en un monstruo amenazante dispuesto a tragárselas vivas mientras están ahí sentadas. Caminé por uno de los grandes patios sin encontrar nada parecido a un baño; en un colegio en que hasta las escaleras tenían rótulo, yo no había logrado encontrar una sola puerta con esa figurita clásica de un hombre con cabeza redonda y cuerpo cuadrado, que indica que ahí hay un baño.

Me atreví a preguntarle a una pequeña niña, y ella me orientó de una manera tan sencilla como si yo debiera encontrar un baño en Hong Kong. Me dijo:

—¿Ves a ese grupo que está saltando la cuerda?

—Sí.

—Bueno, llegas hasta ahí, giras a la derecha y caminas más o menos unos 20 metros, luego giras a la izquierda hasta donde está un árbol viejo y gordo, frente a ese árbol está el edificio de la primaria y al lado están los juegos para los del jardín de infantes, avanzas hasta los columpios y luego giras hacia la derecha, ahí verás un pasillo que conduce a unas escaleras, bajas por ellas y ahí está el baño.

—Gracias.

Intenté seguir las complicadísimas instrucciones, pero evidentemente no pude dar con el objetivo. Entonces decidí optar por una solución infalible… mi olfato.

Mi abuela siempre me lo ha dicho:

—Si no sabes cómo llegar a un baño, guíate por el olfato.

Y tiene razón, porque el olor a desinfectante, cloro y demás sustancias con las que limpian los baños es tan tan tan fuerte que uno los descubre a varios metros de distancia. Además parecería que aunque los fabricantes se esmeran en intentar que el olor de esos productos se asemeje a pino, manzana y flores primaverales… hagan lo que hagan siempre consiguen que el desinfectante de pino huela a baño; el de manzana, a baño; y el de flores primaverales, a flores primaverales… luego de tres meses de que la primavera ha terminado.

De acuerdo con lo previsto, después de un par de minutos el olor se hizo presente, caminé hacia el centro y ahí estaba. Había solo una puerta y la abrí, o eso es lo que quise hacer. En el primer segundo me percaté de que mi olfato no me había engañado. Eso que estaba ahí era, evidentemente, un baño: varias puertas que conducían a los sanitarios, un gran espejo, algunos lavamanos y frente al espejo… ella, la niña más hermosa que he visto en mi vida. Me miró, y a partir de ese momento todo pareció transcurrir en cámara lenta, como en las escenas románticas de las películas.

Se acomodó un mechón de pelo rizado que le caía sobre la mejilla y caminó hacia mí. No sabría decir en qué momento mi corazón se detuvo, quizá el flechazo de Cupido lo mantuvo inmóvil durante varios minutos. La respiración, que en un momento parecía acelerada, también se detuvo. No me pude mirar al espejo, pero tengo la certeza de que estaba rojo como un tomate. Sentía que mis mejillas ardían como dos brasas.

Ella se acercó, yo permanecí de pie junto a la puerta entreabierta, tomó la cerradura, se impulsó y gritó:

—¡Largo de aquí, tonto, este es el baño de mujeres!

Acto seguido lanzó la puerta contra mi nariz. El olfato, que momentos atrás me había funcionado con tanta eficacia, ahora se encontraba lesionado quién sabe hasta qué punto. Pero también mis oídos se habían afectado al haber escuchado en volumen de altoparlante la palabra "TONTO".

La hemorragia fue todo un suceso, cuando pude separarme de la puerta me di cuenta de que la sangre fluía de mi nariz como un río.

Caminé torpemente sin saber adónde ir, hasta que volví a encontrar a Isabel que, asustadísima, me llevó hasta donde la maestra Consuelo (Chelito… ¡qué nombre horrible!).

De inmediato me convertí en noticia fresca. Si hubiera un periódico en el colegio, no dudo en que mi fotografía habría aparecido con un gran titular en la primera plana: "Sangre en la nariz de 'el nuevo'".

Pero la autora del golpe no pudo imaginar en ese instante todo lo que ese encuentro provocó en mí. Lo primero y lo más evidente: un flechazo en el corazón que me dejó conmocionado, y lo segundo y más curioso: un chorro de sangre que me convirtió, el primer día de clases, en un tipo muy popular. Camino a la enfermería, todos y todas me miraban como a un héroe, como si las manchas de mi camiseta y los dos tarugos de papel higiénico que Chelito supo colocar en sendos agujeros de mi nariz, fueran visibles trofeos ganados tras una lucha encarnizada contra un dinosaurio.

Siempre me ha parecido sorprendente lo que puede hacer una hemorragia nasal o un yeso en el brazo, a favor de la popularidad de cualquiera. Lo he visto en muchas ocasiones, basta con que alguien llegue al colegio con unas muletas o con un yeso en mano, brazo, pie o pierna, para que todas las chicas lo consideren guapo y tierno, y para que los chicos lo miren como a un tipo rudo y valiente.

—¿Qué ocurrió, cariño? —preguntó Chelito mientras la enfermera me limpiaba la sangre.

Yo no sabía qué responder, pero lo único que tenía claro era que, en este caso, decir la verdad solo complicaría las cosas. Si un niño dice que se metió en el baño de mujeres "por equivocación", nadie se lo creerá. Irá inevitablemente a la Dirección General donde lo mantendrán de pie en una esquina hasta que sus padres o la policía lleguen por él. Luego le recitarán la cantaleta aquella de "Tienes derecho a permanecer en silencio, todo lo que digas podrá ser utilizado en tu contra…" y finalmente irá preso, atado con una camisa de fuerza, por el resto de su vida sin posibilidad de acudir a la ayuda de un buen abogado. O quizá (esto lo he visto en las películas) lo colocarán en medio del patio del colegio, con un uniforme viejo y roto, y todos le lanzarán pelotas de papel arrugado al tiempo que gritarán: "¡que lo echen!" mientras con el puño en alto colocarán el dedo pulgar en dirección al piso. O en el peor de los casos lo someterán a trabajos forzados de por vida, y deberá limpiar los baños de todos los estadios del país.

Ante ese panorama de terror respondí:

—No lo sé, Chelito, caminaba cerca de la cancha de fútbol y recibí un pelotazo en plena nariz.

—¿Un pelotazo fantasma o con dedicatoria? —preguntó la maestra con claro afán por encontrar culpables.

—Fantasma, definitivamente, no. He sabido que los fantasmas atraviesan paredes y supongo que también atraviesan narices. Y este pelotazo se detuvo en mi cara.

—Lo que quiero saber es si conoces quién fue el estudiante poco prevenido que lanzó un golpe de pelota tan fuerte.

—Ah, no, no lo sé, no conozco a nadie en este colegio, recuerde que soy "nuevo".

—Podríamos investigarlo… si tus padres lo exigen yo no tendría problema en buscar al culpable.

—No lo creo necesario, yo no quiero guardar resentimientos en mi corazón.

—Bellísimas palabras, Javier, bellísimas —dijo Chelito emocionada.

Con eso ratifiqué que Isabel tenía razón en cuanto a su teoría sobre las "frases horribles que siempre funcionan"; pero además evité una investigación que pondría en relieve ante todos que mi golpe provenía realmente de un portazo ocurrido cuando yo intentaba, sin querer, introducirme en un baño al que no debía entrar.

Luego de la atención que me brindaron en la enfermería, regresé a la clase entre los murmullos de admiración de mis compañeros y compañeras. Entré con la camiseta manchada de sangre y mientras avanzaba hasta mi sitio alguien me preguntó:

—¿Qué te ocurrió?

—Un accidente —respondí con voz de superhéroe.

—¿Un accidenteee? —preguntaron en coro algunos.

Parecía como si la sangre me hubiera convertido en un ser visible. Hasta una hora antes de ese suceso nadie reparaba en mi presencia, pero luego de la hemorragia, sin duda todos tenían ojos y atención para mí.

—Sí, por suerte fue algo sin importancia —añadí.

—Pero, ¿cómo fue? —preguntó una niña.

—Nada serio, un golpe… cuando estaba cerca de la cancha de fútbol.

—¿Y te duele mucho?

—Nnnnno, tengo buena resistencia ante el dolor, la enfermera me dijo que el golpe fue muy, pero muy fuerte, y que le sorprendía que yo estuviera tan tranquilo.

Ya en aquel momento tenía claro que podría inventar una historia asombrosa alrededor de mi accidentada nariz. Al parecer no había testigos del portazo que esa niña me había dado.

—¿Te diste de golpes con el culpable? —preguntó un chico de la primera fila.

—No, fue un pelotazo fantasma. Alguien desde la cancha de fútbol que estaba al otro lado de la pared dio una patada tan fuerte que el balón atravesó hasta el corredor por el que yo caminaba y me golpeó.

—¿Solo un pelotazo?

Me di cuenta de que incluir un balón en el accidente podía ser poco atractivo, necesitaba que esto luciera más aparatoso y complicado.

—Bueno, fue un pelotazo tan fuerte… qué sé yo, debía venir a 200 kilómetros por hora, que tras el impacto caí y rodé por las escaleras que están junto al pasillo.

—¿Y qué hiciste en ese momento? ¿Te desmayaste?

—No, continué caminando como si nada. En realidad, como ya dije, soy muy resistente al dolor. Unos metros más allá me di cuenta de que sangraba.

A punto de convertirme en el ídolo de todos... una niña se puso de pie, me miró de frente y con una extraña sonrisa me dijo:

—Vaya, vaya, vaya... créeme que estoy sorprendida con tu historia, hasta parece mentira.

Cuando la miré me quedé petrificado. Era ella, la autora del golpe en mi nariz. La misma que me había gritado T-O-N-T-O a todo pulmón. Hasta ese momento no me había percatado de que asistíamos a la misma clase. Me puse verde y no supe qué decir, me sentí como el idiota más grande del planeta. Estaba a punto de desmayarme, cuando ella, todavía sonriente y luminosa, repitió con lentitud su última frase:

—Hasta parece mentira...

Por suerte el timbre de salida sonó. El primer día de clases había terminado. Tomé mi mochila nueva y salí tan pronto como pude. Ni siquiera alcancé a despedirme de Isabel, que a la distancia me gritó: "Adiós, Javier, te veo mañanaaaa".

4

Llegué a casa agotado, más por los nervios que por cualquier otra cosa. Cuando mamá me miró, con la ropa llena de manchas de sangre, me preguntó alarmada:

—¿Qué te ocurrió, Javier? ¿Estás bien?

Tocó cada parte de mi cuerpo para ver si funcionaba correctamente. Hizo un recorrido con sus manos por cada hueso, por cada músculo, a la espera de que en algún momento yo dijera "ay", y como no me dolía nada se quedó más tranquila.

—Nada, mamá, un pequeño accidente en el colegio, algo sin importancia, me golpeé contra una puerta y me sangró la nariz.

—¿Contra una puerta? No entiendo.

—Te lo diré si me prometes que no irás al colegio a armar un despelote.

—Te lo prometo.

—Bueno; quise ir al baño, y por un error estuve a punto de entrar al de mujeres. Una niña se abalanzó sobre la puerta y... eso fue lo que pasó.

—Pero, ¡cómo es posible! —preguntó mamá—, ¿acaso no hay un rótulo en la puerta de cada baño?

—Pues no, pero ya lo van a colocar para evitar futuros accidentes.

Mamá se quedó un poco más tranquila con mi explicación, me tocó por última vez la nariz para cerciorarse de que no me dolía, y luego me pidió que me sacara la ropa para poder lavarla. Esto último no sin cierto fastidio propio de la profesión "mamá":

—Ahora me tocará poner blanqueador en esta camisa, ojalá y salgan las manchas, de lo contrario la única opción será comprarte una nueva… en el segundo día de clases, como si no hubiéramos gastado ya suficiente dinero.

En casa, al contrario que en el colegio, luego de mi hemorragia yo no era ningún superhéroe.

En mi corta experiencia, cada vez que me ha sangrado la nariz dentro de territorio hogareño, he acudido a mamá, quien después de poner cara de susto me ha dicho: "¿Ya ves lo que te ocurre por meterte los dedos a la nariz?, ve a lavarte". Parecería como si muchos de los problemas de madres e hijos se solucionaran con agua y jabón. Al menos mi mamá está llena de frases que sugieren aseo:

"¿Ya te lavaste las manos?" "¿Qué esperas que no te bañas?" "Te limpiaste bien detrás de las orejas?" "¿Ya te cepillaste los dientes?" "Ve a sonarte".

A veces he llegado a pensar que mi mamá, además de mirarme como a la luz de sus ojos, el tesoro de su vida y la razón de su ser... también me mira como a una pequeña máquina productora de mugre. En una ocasión, cuando yo estaba a punto de entrar a la ducha, mamá llegó al extremo de decirme: "No te olvides de limpiarte el ombligo y las corvas".

Bueno con el ombligo ningún problema pero, ¿sabe alguien qué rayos son "las corvas"?

He estudiado el aparato digestivo, el respiratorio, el reproductivo y el circulatorio, me he aprendido nombres horrendos como "vesícula biliar", "falangeta" y "duodeno" y juro que jamás ninguno de mis maestros ha mencionado una parte del cuerpo llamada "corva".

Cuando no conozco una palabra me gusta repetirla en voz alta varias veces intentando adivinar la definición a través de lo que el sonido me sugiera: "Corva, corva, corva, corva".

Corva me suena a... una parte importante del cuerpo de un insecto, la cabeza, probablemente: "Cuando el grillo es adulto, la corva ocupa la tercera parte de su cuerpo". Suena convincente, ¿no?

O podría ser también una especie de cuchara gorda de madera: "Ponga dos claras de huevo y una taza de harina en el recipiente y revuélvalas fuertemente con una corva". También suena razonable.

O quizá podría ser una verruga de esas que tienen las brujas en la nariz y en la frente: "Se llamaba Marga y tenía una corva peluda en la punta de la nariz".

Bueno, la verdad es que con ese ejercicio estaba un poco lejos de la realidad. Cuando aquella vez mamá sugirió el aseo de ese desconocido lugar, entré al baño, me quité la ropa y antes de meterme en la ducha me miré en el espejo. En ese momento inicié un recorrido visual y repetí uno a uno los nombres de las partes de mi cuerpo, pensé que si había alguna que no pudiera nombrar… quizá ésa sería una corva. Pero ojo, ella había dicho "corvas" en plural, entonces debían ser dos o más, con eso ya quedaban eliminadas muchas partes que vienen en versión individual. Pasaron varios minutos y finalmente creí descubrir el dilema: hay partes del cuerpo que mamá pronuncia sin problema (brazo, codo, pie, etc.), pero existen otras que ella no mencionaría ni loca, "testículos" por ejemplo. Entonces pensé que cuando ella decía "corvas" quizá estaba utilizando una manera disfrazada, un apodo, para referirse a ellos. Eso pasa, las madres son expertas en inventar apodos muy curiosos para ciertas

partes del cuerpo cuyos nombres les da vergüenza pronunciar.

Entonces creí que mi duda se había resuel-
to y a partir de entonces incluí a las corvas en
la lista de mi aseo diario.

Pasaron meses y meses de limpieza a con-
ciencia, cuando un día casi trágico conocí la
verdad. Recuerdo que salía de la ducha envuelto en una toalla inmensa, cuando mamá
inició el interrogatorio "post-baño", este, para
garantizar el nivel de aseo, siempre venía repleto de palabras repetidas:

—¿Estás seguro de que te lavaste todo,
todo, todo?

—Sí, mamá, estoy seguro.

—¿Seguro, seguro, seguro?

—Sí.

—A ver, a ver, ven que te voy a revisar
orejas, cuello y corvas.

—¿También las corvas? —pregunté asustado.

—Claro —respondió muy firme.

Intenté escapar, armar una trifulca, o, por
último, llamar al 911 porque no estaba dispuesto a que mamá me mirara las corvas… yo
ya no era un bebé. Pero ante la fuerza de sus
brazos quedé inmovilizado.

Primero me miró dentro y detrás de las
orejas.

—Orejas… limpias —dijo contenta.

Luego movió mi cuello de lado a lado para
ver si quedaba algún rastro de mugre.

—El cuello… pasa la prueba.

Y cuando finalmente pensé que llegaría el instante más vergonzoso de mi vida, ella me volteó, me miró detrás de las rodillas y dijo:

—Corvas… limpias.

Lo repito: Ella me miró DETRÁS DE LAS RODILLAS. Meses y meses lavándome unas corvas que no lo eran, para un día aprender que con ese nombre tan masculino y serio, las corvas son la parte de atrás de las rodillas.

Me sentí tan ridículo como si hoy la ciencia descubriera que el Tiranosaurio Rex (mi ídolo) resultó ser una especie de mariposita prehistórica.

En fin… creo que es cierto eso que dice mi abuela: "Todos los días se aprende alguna tontería nueva".

Ángeles

1

Al día siguiente llegué al colegio con el rostro verdoso e hinchado. Mi nariz parecía un grueso salchichón. Aunque mi mamá había utilizado todas sus recetas caseras para evitar la inflamación, creo que los resultados no fueron los mejores. Ni la carne cruda sobre la zona golpeada, ni la pomada de hierbas silvestres, ni el talco caliente, ni la bolsa de hielo, ni las compresas de hierbas medicinales fueron un remedio totalmente eficaz, nada me impidió llegar al colegio con aspecto de boxeador sin suerte.

Pero si bien no sentía mucho dolor, la idea de volver a la clase y encontrarme frente a frente con mi agresora, que a la vez se había transformado en mi amor platónico, era un tema que me ponía la piel de gallina. Ella era la única que sabía la verdad y tenía el poder de delatarme ante todo el colegio, incluidos Chelito y el licenciado Seco.

Le pedí a mamá que me permitiera faltar a clases, no quería que me vieran con esa apariencia, pero ella se negó... siempre se niega. Me dijo:

—Para escuchar las lecciones no necesitas la nariz y para aprender no importa que tengas el rostro hinchado.

En la ironía nadie le gana, ella dijo "hinchado" pero en realidad debió pensar que parecía una de aquellas almohadas viejas que de tan destartaladas las descienden a la categoría "cama para la mascota".

Mamá nunca me dejará faltar a clases, a veces he llegado a pensar que durante las mañanas, luego de que José y yo salimos al colegio, ella se convierte en un monstruo peludo; y que a partir de las dos de la tarde, hora en la que regresamos a casa, ella vuelve a transformarse en una bella y abnegada mamá. Por eso, para seguir guardando su secreto, debe asegurarse de que nosotros estemos fuera de su espacio en las horas de la mañana.

En fin, llegué al colegio un poco temeroso por lo que podía esperarme. La niña aquella, la del portazo, o se olvidaba del tema, o me delataba y me sometía a la vergüenza eterna.

Ya en la puerta del colegio me sorprendió que todos y todas me saludaran. El día anterior, el primero en el Instituto Educativo 1 de Marzo, mi presencia había sido ignorada absolutamente, había pasado desapercibido; pero, sin duda, un día después las cosas lucían distintas.

—¿Te sientes mejor?

—¿Puedes respirar?

—¿Te pondrán un yeso?

—¿Fuiste al médico?

—¿Todavía te duele?

—¿Te rompiste algún hueso?

—¿Puedes hablar?

Bueno, bueno, bueno, con tanta inquietud estaba a punto de creerme más popular que el café con leche.

Mientras me dirigía a la clase un chico, que imagino debía ser mi compañero, decidió gentilmente cargar mi mochila. Dos niñas que caminaban frente a mí, como guardaespaldas, y cerca de 12 que iban detrás hacían todo tipo de preguntas y mostraban su preocupación y admiración. Pero la fama alcanzaba incluso a los años inferiores; en el trayecto pude escuchar lo que yo asumí que pronto se convertiría en una leyenda de ejemplar valentía. Un niño de cuarto comentaba con otro de primero:

—Dicen que fue un balonazo más potente y veloz que un cohete.

—Sí, y que atravesó varias paredes hasta que impactó el rostro del "nuevo de séptimo".

—Dicen que el golpe fue tan fuerte que el pobre chico cayó y rodó 15 escalones de cemento puro.

—Y no se quebró ni un solo hueso.

—Y no derramó ni una sola lágrima.

—Ese tipo está hecho de roca.

—De roca y acero.

Supermán, ni más ni menos, en eso me había convertido en mi segundo día de clases. Nada mal, ¿no?

Mientras cruzaba por el salón hasta el final, me encontré rodeado por tanta gente que no pude fijarme si ella, la niña del portazo, había llegado ya.

Cuando Chelito entró y nos exigió que ocupáramos nuestros sitios, al fin pude localizarla. Estaba ahí, sentada en un pupitre a la misma altura que yo, pero en la primera columna. Era muy linda, tenía el cabello largo y rizado. Lo llevaba atado con una cinta gruesa detrás de la cabeza. Me impresionaron sus grandes ojos rasgados y profundos.

Me miró.

La miré.

Sonrió.

Sonreí.

Sentí una extraña presión en el pecho… imagino que la flecha del día anterior seguía clavada dentro de mí. Aunque no lo vi volando por ningún lado, asumí que Cupido andaría cerca con arco y flecha en mano. Esa niña provocaba en mí algo muy especial que nunca antes había experimentado.

Todavía vagaba por las nubes con la sonrisa congelada cuando Isabel me dio un codazo y me dijo en voz baja:

—Esto te lo envía Ángeles.

Me entregó una hoja de cuaderno, doblada y sellada con cinta adhesiva. En el exterior decía "Para Xavier".

—¿Quién es Ángeles? —pregunté.

—Es ella —dijo señalando a mi amor platónico que al darse cuenta de todo volvió a sonreír.

Yo correspondí con otra sonrisa empalagosa, como un bobo y agradecí levantando ligeramente mi mano derecha.

Confieso que cada vez que sonreía, la cara me dolía mucho y, además, sentía que las fosas nasales se me inflaban hasta quedar como las de un marrano.

Se llamaba Ángeles. Claro, una niña de una belleza tan celestial no podía sino llamarse Ángeles.

Me dispuse a abrir su nota, las manos me temblaban. Cuando tuve el papel abierto frente a mí me di cuenta de que en él había un dibujo grotesco, sin duda se trataba de mí, era una caricatura de un niño con la nariz sangrante y ojos amoratados, que estaba de pie junto a una puerta en la que decía "Baño de mujeres". En la parte superior ella había escrito una leyenda que decía:

"Te tengo en mis manos, TONTO".

Y en lo que tiene que ver con la última palabra, no admitía la mínima duda… yo acababa de agradecer con sonrisa, saludo y gesto de idiota una carta en la que una niña llamada Ángeles me amenazaba de muerte (o casi).

En ese momento me sentí mareado ante la evidencia del peligro que corría, esa niña tenía el panorama muy claro, sabía que al delatarme ante la maestra podría provocarme serios problemas con el director y con mis padres… y además podría quitar de mi pecho esa marca de superhéroe que en 24 horas me había ganado como en una lotería.

Un poco ansioso por esa certeza levanté la mano y le dije a Chelito:

—¿Puedo salir un momento a la enfermería? Es la hora en que debo tomar un analgésico.

Era una excusa, claro, lo que quería era abandonar el salón, tomar aire y pensar en una o dos ideas que pudieran salvar mi pellejo.

Chelito, comprensiva, me respondió:

—Por supuesto, Javier, pero no vayas solo, todavía no conoces bien el colegio. Ángeles, cariño… ¿podrías acompañarlo?

Quise gritar "Nooo, por favor, ella no…", pero Ángeles, con rostro de niña buena, se apresuró a responder con su dulce vocecita:

—Claro que sí, Chelito, será un placer acompañar a Javier.

Tragué en seco y sentí que me había llegado la muerte.

2

Apenas la puerta del salón de clases se cerró y salimos al pasillo, Ángeles colocó su dedo índice sellando sus labios e indicándome que no dijera nada.

Caminamos en silencio hasta uno de los patios mientras mi corazón latía con terror. Entonces, sin poder más, enfrenté al toro por los cuernos:

—Bueno, ¿qué quieres de mí?

—¿Yo? Nada —respondió sin siquiera mirarme.

Su voz era suave, apacible, parecía como si esas dos palabras fueran el inicio de un poema de amor.

—No comprendo, me envías un papel en el que dices que me tienes en tus manos y…

—Aaaah, lo dices por la nota que le pedí a Isabel que te entregara.

—Sí, claro, por qué más iba a ser.

—No seas tonto, era una broma, te envié esa nota solo para ver la cara que ponías… ya la vi, eso era todo.

—¿De verdad?

—Claro, tú no me conoces, soy una bromista de primera.

—Entonceeees, ¿no me vas a delatar? —pregunté intrigado.

—Claro que no.

No sabía qué pensar, José, mi hermano, siempre dice que soy un alarmista, que me asusto porque vuela una mosca; en esa oportunidad pensé que José tenía la razón.

—Muchas gracias, Ángeles, te lo agradezco de verdad, pensé que podrías meterme en problemas.

—¿Ah, sí? ¿Qué tipo de problemas?

—No sé, pensé que podrías contar en plena clase que estuve a punto de entrar al baño de niñas, o delatarme con Chelito y el licenciado Seco, qué sé yo… la verdad es que pensé que podrías acabar conmigo, qué bueno que todo fue una broma.

—Descuida Javier, no tienes por qué asustarte, yo no sería capaz de hacerte daño, quiero que seamos amigos.

Mientras decía estas palabras ella me regalaba una gran sonrisa, y yo, que todavía no era un experto en el manejo de ese tipo de propuestas, emociones y sonrisas, comencé a disparar nerviosamente un millón de palabras que no eran capaces de encontrar una pausa razonable.

—¿Amigos? ¿Lo dices en serio? ¡Qué bueno, Ángeles!, porque a mí también me encantaría, yo nunca he tenido una amiga, tú serías la primera, y la mejor, claro. ¡Eso! a partir de hoy serás mi mejor amiga, y no mi mejor amiga en el colegio, que eso se queda muy corto, serás mi mejor amiga en todo el país, y en el mundo, y en el universo, sí, y nuestra amistad durará para siempre, hasta cuando mis bisnietos tengan bisnietos, ¿estás de acuerdo?

—De acuerdo —respondió ella y volvió a sonreír.

Luego de este breve diálogo sentí que mi corazón volvía a latir con alivio y normalidad. Ángeles recuperó de inmediato la categoría de "mi amor platónico" y yo, la confianza de que no volvería a desplazarla de ahí.

Al llegar a la enfermería le pedí que me permitiera entrar solo, no quería que además descubriera que lo del analgésico había sido otra excusa desesperada. Entré, le dije a la enfermera que había querido visitarla para darle las gracias por su ayuda y con eso justifiqué mi presencia allí. Al salir, Ángeles me esperaba sentada junto a la puerta.

—¿Todo bien? —me preguntó.

—Sí, todo bien.

—¿Ya te sientes más tranquilo?

—Totalmente.

Volvimos al salón de clase, entramos y pensé que mi vida retomaría su curso normal y exitoso. Me sentía extrañamente feliz y tenía la sensación de que esa felicidad me duraría, cuando menos, 164 años.

Pero estaba muy lejos de la realidad.

Tan pronto llegué a mi pupitre escuché que Ángeles le solicitaba a la maestra que le permitiera comentar algo con toda la clase:

—Si no fuera algo realmente preocupante, no me atrevería a interrumpir la hora de Geografía, Chelito. Pero creo que se trata de un tema muy delicado.

—Adelante, cariño —dijo la maestra— ¿qué es eso tan preocupante que nos tienes que decir?

—Bueno, lo que quiero denunciar ante la clase es una falta de respeto que afecta a las chicas de este y otros cursos.

—¿A qué te refieres, cariño? —preguntó Chelito.

—Me refiero a Javier, "el nuevo". Ayer en el recreo, intentó arbitrariamente entrar al baño de mujeres y tuve que impedírselo a la fuerza. De hecho, el golpe en la nariz lo recibió cuando yo tuve que cerrar la puerta para evitar que él entrara.

Me quedé pasmado. No podía creer lo que estaba escuchando, debía ser una pesadilla, Ángeles era una bruja miserable.

—Pero qué dices —exclamó con un alarido Chelito— esa acusación es muy grave. Javier, ponte de pie y ven al frente de la clase.

Un intenso color rojoverdoso cubría mi rostro. Sentía que toda la clase me miraba como a un criminal. Las chicas susurraban expresiones tipo: "¡qué descarado!", "es un atrevido", "¡sinvergüenza!".

—Será mejor que tengas una disculpa convincente ante esta denuncia —me dijo la maestra con sus ojos desorbitados— de lo contrario este, tu segundo día de clases podría ser el último. Si hay algo que el Instituto Educativo 1 de Marzo no tolera es la indisciplina y el irrespeto. ¡Vamos, habla!

Me quedé en silencio, estaba aturdido, no sabía qué decir. La maestra continuó:

—No te quedes ahí, como una estatua. Explícanos por qué pretendiste entrar a la fuerza al baño de señoritas. Si no respondes inmediatamente, tendré que llevarte a la Dirección General para que le presentes tu declaración al licenciado Seco y a tus padres. ¡Qué esperas!

Durante esos segundos de blablablá asfixiante y ruidoso de Chelito, yo sentía que el tiempo no corría, mi cabeza daba vueltas y no atinaba una forma digna de escapar ante tanta presión.

Mis padres me han enseñado lo bueno de ser un tipo que no se busca líos ni complicaciones, a no ofender ni atacar a nadie. Si bien yo no quería que a Ángeles ni a Chelito les ocurriera nada realmente malo ni que un piano se les desintegrara en la cabeza, en aquel momento les pedí a los ángeles, a los verdaderos, a los que tienen alas y viven en el cielo, que hicieran uso de sus superpoderes milagrosos y me ayudaran con un favor especial: quería que a esas dos chicharras la lengua se les convirtiera en piedra pómez por las siguientes dos horas.

Volví a escuchar el "¡Qué esperas!" de la maestra, con un eco que se apoderó de toda la atmósfera, entonces tomé aire y decidí que contaría toda la verdad, aun a costa de que eso significara que me pusieran en la calle, antes de que el uniforme nuevo se me hubiera desgastado en las rodillas.

A punto de pronunciar la primera palabra, alguien se levantó en la clase y dijo con voz firme:

—Javier es inocente, la culpa es solo mía.

Todos los ojos giraron hacia el lugar de donde provenía esa voz. Al fondo de la clase, de pie y tan fresca como una lechuga estaba Isabel Martínez.

3

La abuela siempre me contó historias. Cuando era muy chico me leía cuentos o simplemente me relataba pasajes de su vida. Al principio yo me lo creía todo, de principio a fin, si la abuela me decía que la bruja del cuento tenía 7 pelos en el bigote, yo podía jurar ante un notario público que esa era la verdad más absoluta: 7 pelos, no 9, no 23... eran 7 pelos en el bigote y punto.

Un día ella me dijo que en su pueblo había conocido a un hombre que tenía la oreja situada en medio de los ojos, en el lugar mismo donde debería ubicarse la nariz. Me contó que todos lo miraban con lástima e incluso con miedo, pero que él, extrañamente, se mostraba muy feliz. Según mi abuela, ella decidió un día ir hasta donde el hombre vivía para preguntarle la razón de su felicidad. Él le dijo entonces:

—Todas las personas en el mundo acercan una rosa a su nariz y perciben su perfume. Yo soy afortunado porque cuando me aproximo a una rosa puedo escucharla cantar para mí.

La abuela me relataba esta historia, la del hombre que escuchaba a las flores, y yo estaba seguro de que cada palabra sería la exacta y real.

Luego, con el paso del tiempo, comencé a darme cuenta de que mucho de lo que la abuela me contaba tenía su pincelada propia, su cuota de fantasía, su dosis de exageración.

—Es como añadir condimentos a la comida —me decía ella para justificar sus ideas locas— a veces es bueno probar otros sabores, jugar con lo dulce o hacer una mueca con lo amargo. Si todo tuviera el mismo sabor y la misma temperatura, la vida sería muy aburrida, ¿no crees?

Pero hay algo mucho más importante que la abuela me enseñó en esos tiempos larguísimos en que yo me sentaba a su lado para escuchar sus historias y compartir sus lecturas. Recuerdo que llegado un instante cualquiera del relato, instante elegido por la abuela, sin importar si a la historia todavía le faltaban 180 páginas para llegar al final, ella se detenía, cerraba el libro, lo guardaba y me decía:

—Quiero que pienses Javier, ¿qué pasaría, si el final de la historia fuera este?

—Pero, abuela, aún Cenicienta ni siquiera ha conocido al príncipe, el cuento no puede terminar así.

—Eso no importa, lo que quiero que pienses es en otra manera o en otro momento para terminar la historia.

Entonces yo me quedaba en blanco por unos minutos dando vueltas y vueltas a la propuesta que la abuela me hacía, y al final le respondía:

—Bueno, si el cuento llegara hasta cuando las dos hermanastras se muestran antipáticas y odiosas, tendríamos que pensar que o Cenicienta se sacude o termina por acostumbrarse a que la sigan tratando como a un trapo viejo por el resto de su vida.

—O tal vez lo más conveniente sería que Cenicienta acudiera a una comisaría para denunciarlas por maltrato, imagino que hasta en los cuentos de hadas existen comisarios y agentes de policía… quizá hasta podría llevarlas a prisión —decía la abuela emocionada y con claro espíritu justiciero.

—O podría acudir a un periodista que se interesara en publicar su caso en un periódico. O podría hacerse millonaria viajando por varios países con unos ratones que hablan y con unos pajaritos que cosen vestidos de fiesta.

La abuela me interrumpía y agregaba sus propios ingredientes:

—O podría llamar a su hada madrina y, en lugar de solicitarle un vestido y unos zapatos de cristal, podría dejarse de deseos bobos y pedir directamente unos pantalones vaqueros, una mochila y una supermotocicleta para viajar por todo el mundo.

La abuela me enseñó a jugar con los finales. Aún ahora, cuando recordamos los viejos cuentos, ella me invita a que sigamos encontrando nuevas maneras de llegar a la palabra FIN.

Hace unas semanas le pregunté:

—Oye, abuela… no hemos pensado en la eventualidad de que Cenicienta realmente quiera, a toda costa, casarse con un príncipe, ¿crees que deberíamos contemplar la posibilidad de que se casen, sean felices y coman perdices?

Yo sabía que a la abuela no le gustaban los finales con matrimonios… ella decía que antes de ese final, los escritores deberían ser más creativos y proponer cosas tipo: "y se enamoraron, y estudiaron en la universidad, y conocieron el mundo, y se matricularon en un curso para conocer las estrellas, y adoptaron una mascota, y subieron a varias montañas, y aprendieron a cocinar platos típicos de Kuala Lumpur, y aprendieron italiano y portugués, y se juntaron a un grupo de activistas por la paz, y se dedicaron a recolectar manzanas en cada abril…".

Ella me preguntó:

—¿Crees que Cenicienta quiera casarse con el príncipe?

—Bueno, no lo sé, pero qué pasaría si así fuera.

—Es una buena pregunta Javier, y creo que entre las buenas alternativas de un final adecuado podría estar la del matrimonio. Si Cenicienta y el príncipe insisten en casarse con tanta urgencia, yo diría que está bien, pero le buscaría una vuelta más creativa, escribiría: "se casaron, fueron felices y jamás comieron perdices porque Cenicienta y el príncipe pertenecían a la Asociación de Vegetarianos Protectores de las Aves Silvestres en Peligro de Extinción de los Cuentos de Hadas", ¿qué te parece?

Creo que no lo dije antes… mi abuela es vegetariana.

4

Isabel se puso de pie y dijo:

—Javier es inocente, la culpa es solo mía.

Yo recordé a mi abuela, quise que en ese momento alguien le escribiera la palabra FIN a esa historia para inventarle uno nuevo, que el tiempo no avanzara por donde quería fluir, sino que se colara por un recoveco y encontrara una salida creativa.

Si luego del instante en que Isabel había decidido atribuirse la culpa, no se hubiera suscitado ni un solo hecho más; si la maestra no hubiera continuado con su interrogatorio feroz, si las miradas de todos no se hubieran adherido como moscas al rostro de "la nueva"…

Quizá yo habría pensado que Isabel era un ángel que había venido volando desde el cielo… pero volando en un jet de última generación, porque si venía agitando sus alas emplumadas quizá habría demorado más de lo necesario y no habría llegado en el momento preciso para liberarme. Un ángel que había aterrizado para salvarme el pellejo, para evitar que la multitud me apedreara en pleno salón de clases. Y por ese motivo, por salvarme del terrible aprieto en el que me encontraba, yo le habría construido un monumento en uno de los parques de la ciudad, le habría inventado canciones de gratitud y le habría escrito un poema con rima forzada titulado:

Isabel eres un angél
(con perdón de la Ortografía)

Si yo hubiera podido crear otro final, habría llamado a esa hada madrina gorda, la de Cenicienta, y le habría pedido que me concediera un deseo: "que convirtiera mi mochila en una gran calabaza, para lanzársela en plena cabeza a Chelito y a esa bruja llamada Ángeles".

Bueno, cabe también la posibilidad de otro final menos poético y nada celestial.

Quizá era lógico creer que Isabel estaba loca de atar, porque se estaba echando un problemón ajeno encima, y ella tan tranquila como si nada.

Estaba embarrando su segundo día de clases con un fango casi imposible de limpiar, estaba apuntando su nombre con puño y letra propios en la temible lista negra del licenciado Seco y de la maestra Consuelo (¡qué pocas ganas de llamarla "Chelito"!).

O quizá todo esto era una pesadilla; tal vez yo me había quedado dormido y había soñado en un nuevo colegio llamado Instituto Educativo 1 de Marzo, en un golpe en la nariz, en una maestra con labios hartos del color fucsia, en una niña más linda que los ángeles y en un ángel que se llamaba Isabel...

***

—¿Qué has dicho? —preguntó absorta la maestra.

—Eso, lo que escuchó, que la culpa es solo mía, Javier no tiene nada que ver en esto —respondió Isabel.

—¿Y por qué no lo dijiste antes?

¿Qué tal la pregunta? Como si se le pudiera contestar a la maestra "no pude hablar porque usted no ha detenido su lengua de lora desde que este rollo comenzó".

Me quedé mirando fijamente a Isabel sin tener idea de cuál sería su plan, pero algo me decía muy dentro que yo estaría dispuesto a escucharlo todo, todo, todo, salvo un discurso en el que ella se echara encima este problema tan gordo, que en realidad era solo mío.

Ella continuó, firme y desenfadada:

—No se lo dije antes, Chelito, porque es de muy mala educación interrumpir a los mayores.

Era una experta, Isabel debía tener un cuaderno repleto de esas frases trilladas que salvan en cualquier ocasión.

—Eso está bien cariño, pero ahora, ¿quieres explicarme qué es lo que está ocurriendo aquí?

—Es muy sencillo…

¿Sencillo? Cómo podía decir que era sencillo cuando yo sentía que estaba caminando al borde del precipicio. Ella continuó:

—El primer día de clases, o sea ayer, Javier y yo decidimos salir juntos al recreo, queríamos conocer cada rincón del colegio. Anduvimos por los patios, por el comedor, cerca de la secundaria y en un momento, mientras caminábamos junto al edificio del jardín de infantes, un pelotazo que venía desde la cancha de fútbol que está al otro lado de la pared, aterrizó en la nariz de Javier. El golpe fue tan fuerte que comenzó a sangrar muchísimo. Yo lo llevé hasta el baño más cercano para que pudiera limpiarse y cuando intentamos entrar, abrimos la puerta y nos dimos cuenta de que ese baño era el de mujeres. Retrocedimos, Ángeles —que estaba en el interior— debió sorprenderse ante la presencia de Javier, ella cerró la puerta y yo decidí llevarlo hasta donde usted se encontraba, ¿lo recuerda?

Chelito recuperó el color normal en su rostro, se quitó los anteojos y les limpió el vapor provocado por su alta temperatura; luego, mucho más tranquila pero aún enérgica, preguntó:

—¿Y por qué no lo llevaste a un baño de hombres?

—Porque apenas conozco el colegio, usted sabe que este es mi segundo día. Además, era una emergencia, mire cómo ha quedado el pobre…

Dijo "el pobre" y todos me miraron con lástima. Yo mismo puse cara de lástima. Era sorprendente lo rápido que podía pasar de Supermán a Supercucaracha.

—Bueno —dijo Chelito—, está bien, creo que todo queda claro, aquí ha habido una emergencia y un malentendido. Te pido, Javier, que te familiarices con la localización de los baños para hombres y así evitaremos nuevos inconvenientes. Puedes volver a tu sitio.

Caminé hasta mi pupitre, volteé para mirar a Ángeles y noté que estaba roja de la furia. Su plan de exterminio había fracasado.

Chelito fucsia.

Ángeles roja.

Yo verde.

Isabel… como si nada.

Isabel

1

—Por instinto, supongo.

Eso fue lo que Isabel me respondió cuando le pregunté por qué me había ayudado. Le agradecí, por supuesto, pero jamás imaginé que su respuesta tuviera una palabra tan curiosa: "instinto". A esa palabra yo la asociaba con Discovery Channel, cuando las mamás chimpancés defienden a sus hijos chimpancecitos de otros animalones que quieren comérselos de un solo bocado. O cuando las tortuguitas que han nacido bajo la arena de la playa salen del agujero y tienen que caminar como cincuenta metros hacia el mar; distancia que en las medidas propias de las tortuguitas debe significar lo que para nosotros ir de la Tierra a Júpiter.

No entendí lo del "instinto" en el caso de la defensa que hizo Isabel conmigo y para salir de dudas le pedí aclaración.

Ella me dijo:

—Oye, te estabas hundiendo, tenías cara de tonto frente a toda la clase, no tenías ni idea de cómo solucionar tu problema, a mí se me ocurrió una buena salida, imagino que sacarte del pantano cuando estás a punto de ahogarte será un instinto, ¿no? Bueno, instinto y… sobre todo, amistad.

Amistad, amistad, amistad, sí… eso que comenzaba a unirme con Isabel se llamaba "amistad". Luego de esas palabras le conté toda la verdad, de principio a fin. Sentí que se lo debía. Ella se había portado como la mejor defensa junto a la portería y había evitado que me golearan sin piedad.

En esta confesión sincera ni siquiera dejé de lado el vergonzoso placer que me provocaron las poquísimas horas de gloria, por creerme Supermán ante la admiración de todo el colegio.

—Torpe —me dijo—, elegiste muy mal el superhéroe. ¿Alguna vez has visto a Supermán con hemorragia nasal? ¿No te parece que se vería ridículo?

—Bueno sí… pero ya olvidémonos de eso, he vuelto a ser el Clark Kent de antes.

Gracias al "instinto" y a la amistad de Isabel yo continuaba sentado en mi pupitre del salón del séptimo año, y después de todo, ni

Chelito ni el director Seco querían colocarme una soga alrededor del cuello.

Lo único que no me atreví a confesarle fue lo del flechazo, esa cosa extraña que experimenté cuando vi por primera vez a Ángeles (y por segunda y por tercera y por cuarta vez), no sé, sentí algo de vergüenza, además, yo ya no quería volver a pensar en todo lo que me había ocurrido por culpa de esa bruja.

En mi segundo día, durante el recreo, Isabel y yo decidimos sentarnos bajo las ramas del limonero, ese árbol que tenía a su lado un "originalísimo" rótulo que decía "Limonero", para evitar confusiones y que nadie fuera a pensar que en lugar de un árbol de limones eso era un laboratorio de Física.

Limonero

La elección del sitio fue estratégica. Llegado el momento, y para mayor seguridad decidimos sentarnos con toda la distancia posible de las canchas de fútbol. Aunque en verdad yo jamás había recibido un pelotazo, la historia que había contado ganó tanta credibilidad que hasta pensamos que podría hacerse realidad.

—¿Por qué te cambiaste de colegio? —me preguntó.

—Porque acabo de regresar al país. El trabajo de mi papá es horrible, cuando ya me comienzo a sentir a gusto en un colegio, cuando al fin logro hacer amigos, llega mi papá y dice que le han asignado "una misión" y que debemos irnos.

—¿Una misión?, ¿a qué se dedica tu papá?, ¿es investigador?, ¿astronauta?

—No, qué va. Dice "misión" para dárselas de importante, vende teléfonos y radios, cosas con cables y cosas sin cables. Él dice que su trabajo es importante porque gracias a sus productos la gente se comunica mejor, pero no es cierto porque cuando mamá lo llama siempre tiene puesta la contestadora automática: "Hola, en este momento no puedo atenderte, déjame tu mensaje y te devolveré la llamada... biiiiip". Y si lo llama por la radio entonces ella dice: "Hola, hola, Manuel, ¿me copias?, ¿vas a venir a cenar?, cambio". Pero él no copia, nada, eso quiere decir que él no le para bola, ni la escucha siquiera, porque está en otra frecuencia o en otro planeta. Y

si mi mamá lo llama a la oficina, ocurre algo parecido, suena una musiquita de cascabeles y campanitas y luego: "Gracias por llamar a Grupo Comunicaciones, su llamada es muy importante, por favor no cuelgue, nuestras líneas están ocupadas blablablablablá… biiiip". Y lo cierto es que nunca hay respuesta. Entonces mi mamá se pone furiosa y grita: "Me he casado con una máquina para dejar mensajes, mi marido es un…. biiiiip". Ese último biiiip no es uno de los pitidos de las máquinas contestadoras, lo he utilizado como en la televisión cuando a alguien se le escapa una palabrota de las más gruesas.

Isabel sonrió y me devolvió una mirada solidaria. Entonces pregunté:

—Y bueno, ¿qué hay contigo, Isabel?, ¿por qué te cambiaste a este colegio?

—Gracias a un arreglo geométrico entre mis padres.

—¿Geométrico? No entiendo.

—Es muy largo de contar, pero en pocas palabras te puedo decir que hace un año mis padres decidieron divorciarse. Cada martes y miércoles, que papá debía retirarme a la salida del colegio para llevarme a casa, se armaba el despelote: "Mira, Carlos, eres un irresponsable, has pasado por la niña dos horas más tarde, la pobre ha estado sin comer hasta las cuatro". Entonces él entraba con lo suyo: "Claro, como tú te has quedado con MI automóvil no tienes problemas, pero yo tengo que salir de la oficina, tomar un taxi, trasladarme al colegio de la niña que me queda tan distante como la China y soportar el tráfico de esta ciudad, que cada vez es más terrible". Entonces, en un arranque de diálogo pacífico, decidieron que "por mi bien" me cambiarían a un colegio que estuviera exactamente en la mitad del trayecto entre la oficina de mi padre y la oficina de mi madre. Agarraron un plano de la ciudad y marcaron con circulitos sus lugares de trabajo, luego dibujaron un rectángulo alrededor con tinta roja, lo midieron por cada uno de sus lados, trazaron líneas diagonales entre sus vértices y le clavaron un alfiler al pleno centro. Para su suerte en esa calle había un colegio… el Instituto Educativo 1 de Marzo, y aquí estoy, gracias al tráfico, al divorcio y a la geometría.

—Bueno —comenté—, por suerte en el medio de ese rectángulo había un colegio y no una fábrica de guantes de hule, ¿no te parece?

—No lo había pensado así, pero creo que tienes razón.

—Y las discusiones habrán terminado para siempre, supongo.

—No estoy muy segura, mis padres son muy "creativos". Si ya no discuten por quién se quedó con el automóvil, entonces lo harán por quién se quedó con la casa, con los amigos, con la mascota y con el cortaúñas. Mi mamá seguirá diciéndome: "es que el irresponsable de tu padre…", y mi papá seguirá con su cantaleta de "es que la inaguantable de tu madre…".

—¿Sabes, Isabel?, he descubierto que tenemos algo en común.

—¿…?

—Nuestros padres… están en una edad insoportable.

2

Isabel era una persona muy divertida, tenía la facultad de mostrarse siempre fresca, descomplicada. Bien podrías decirle "Buenos días, Isabel, te ves muy linda" como "Buenos días, Isabel, tienes una tarántula paseando por tu cabeza" que ella igual respondería con una sonrisa de santa de los altares.

Le fascinaba jugar al fútbol. A diferencia de la mayoría de chicas que conozco, en lugar de tener forrados sus cuadernos con figuritas de los Looney Toons o Mickey Mouse; Isabel los llenaba con las imágenes de los futbolistas famosos del último Mundial.

Cada mañana llegaba al colegio vestida de señorita formal, con su cabello castaño suelto sobre los hombros y el uniforme impecable. Pero a la hora del recreo se hacía dos trenzas, se cambiaba de zapatos y saltaba a la cancha como si lo más importante en el mundo fuera su partido de fútbol.

Un día me dijo:

—Mis papás me han regalado siempre muñecas, juegos con cacerolas y vajillas, incluso tengo una colección inmensa y aburrida de Hello Kitty; pero lo que yo siempre he querido es un balón de fútbol, unas tobilleras y unos guantes de arquero.

—Y qué haces con las muñecas y las Hello Kitty, imagino que las tendrás guardadas debajo de la cama, ¿no?

—No, qué va... Teresa, que es la señora que cocina y que me acompaña hasta que mamá llega a casa, me ha ayudado a confeccionar uniformes de fútbol para mis muñecas

Barbies… tengo dos equipos completos, con suplentes incluidas. A la pobre Hello Kitty, como es una gata gorda, a veces la he tenido que utilizar como balón.

En la lista de sus pasiones, el fútbol ocupaba el primer lugar; los perros, el segundo; y las galletas con chispas de chocolate, el tercero.

Pero también Isabel tenía una escala de sus desagrados, sobre esa lista me habló el día en que decidimos que seríamos amigos hasta que la muerte nos separe.

—No soporto a los periodistas deportivos, no me agrada jugar fútbol en canchas de tierra y no me gustan las promesas.

—¿Las promesas?

—Eso… no me gusta que la gente prometa cosas.

—No te entiendo, Isabel.

—No importa, solo acuérdate de no prometerme nada, ¿estamos?

—Como tú digas.

Isabel y yo nos convertimos en muy buenos amigos, colegas, compañeros, vecinos de pupitre y cómplices.

En los días que siguieron al desagradable incidente con Ángeles, algunas cosas cambiaron. Mi nariz, por ejemplo, dejó de ser un salchichón y volvió a pertenecer al gremio de las narices proporcionadas. De a poco fui sintiendo que la gente me miraba como a uno más del montón, ya no era noticia de crónica roja, ya no era Supermán y tampoco Clark Kent. Era Javier (o Xavier para algunos) y punto. También cambió mi actitud con Ángeles, decidí que mantendría toda la distancia posible con ella, no quería arriesgarme a otro conflicto que me pusiera en aprietos, aunque es justo reconocer que si me la encontraba en clases o en el recreo, el flechazo de Cupido volvía a inmovilizarme, yo continuaba pensando que Ángeles era la niña más linda de todo el mundo. Ella, por su parte, pasó de furiosa a indiferente. No volvió a hacer su papel de chica amable ni el de rata de basurero. Se tranquilizó y no volvió a hablarme, al menos durante un tiempo.

A Isabel le resultaba mucho más fácil que a mí hacer amigas y amigos. Una mañana me di cuenta de que ella conocía los nombres y apellidos de todos; y no solo eso, sino que ya tenía claro quién era amigo de quién, quién se peleaba con quién, y quién quería besar a quién. De mis 24 compañeros y compañeras de clase, yo apenas podía diferenciar a los chicos de las chicas. He asistido a tantos colegios en mi vida que apenas logro conservar unos cuantos nombres y poquísimas imágenes fotográficas en mi mente. Mi mamá dice que soy despistado, mi papá dice que vivo en las nubes, José dice que soy un idiota y mi abuela dice que lo mío se llama "memoria selectiva" y que eso es buenísimo, porque elijo muy bien lo qué quiero llevar a mis recuerdos.

—No les hagas caso —dice mi abuela—, tú ocúpate de guardar en tu mente nombres lindos, rostros alegres, fechas de momentos felices.

No recuerdo con facilidad ni los nombres ni los números telefónicos; pero soy un genio para los detalles, en eso nadie me gana. Por ejemplo, hace unos días llegó José a casa y le dijo a mamá:

—La señora Rodríguez te envió muchos saludos.

—¿De qué señora me hablas? —preguntó ella.

Y como José no recordaba su nombre, comenzó a titubear sin poder aterrizar sus ideas. Yo, que sabía perfectamente de quién hablaba, dije entonces:

—Es la señora de cara brillante y besos pegajosos, que tiene los pies más grandes que los de su marido.

—Aaahhh —dijo mamá—, Sarita Rodríguez, siempre tan amable y atenta.

Yo no me fijo en los detalles por chismoso o murmurador, me fijo porque... pues no lo sé, me queda más fácil reconocer a una persona por el brillo de su rostro que porque se llame Carlota, Genoveva o Josefina.

Eso a Isabel le causa gracia, dice que debería escribir en un cuaderno una lista con las características a las que acudo para identificar a las personas que conozco.

Una mañana mientras caminábamos por

el patio, me preguntó con curiosidad y ganas de reír:

—¿Cómo definirías al licenciado Seco?

—El señor que tiene demasiado cuello y muy poca corbata.

—¿Y a Chelito?

—La presidenta del club de admiradoras del color fucsia.

—¿Y a ti?

—...

—Anda, dime cómo te definirías.

Qué pregunta, no tenía idea de cuál podría ser una buena respuesta, algo que a ella le causara risa, sin que yo quedara como un garabato.

—¿Me dejas unos días para pensar? —le pedí.

—Si continúas vivo —me respondió.

—¿Si continúo vivo? No comprendo.

—Voltéate y mira por qué lo digo.

Di media vuelta, y me encontré cara a cara con Ángeles. Sobra decir que me quedé paralizado. Ella sonrió y dijo:

—Qué bueno que te encuentro, Javier, ¿podríamos hablar a solas por un momento?

Dijo "a solas" y de inmediato miró a Isabel, insinuando que desapareciera. Y ella, sin prisa y sin pena, se tomó su tiempo, un paso detrás de otro... y finalmente se esfumó. Nos quedamos solos, compartiendo dos metros cuadrados de planeta Tierra, y yo lo único que quería era descubrir un sitio por el cual

escapar en caso de que la conversación se pusiera color de hormiga.

—No hemos hablado desde hace días y creo que te debo una disculpa —dijo Ángeles más seria que nunca.

—Está bien, acepto tu disculpa. Adiós.

Me aparté y quise salir corriendo, pero ella me agarró de un brazo y dijo:

—No, espera, hay algo más que quiero decirte.

—¿Algo más?

—Sí, me he sentido muy mal por el problema que pude provocarte, y quiero que sepas que estoy arrepentida, si hay algo que pueda hacer para reparar el mal momento que te ocasioné, estoy dispuesta a hacerlo. Lo digo en serio, Javier.

—No te preocupes, Ángeles, el asunto está olvidado.

—¿Crees que podemos ser amigos?

Ella dijo "amigos" y sonrió algo ruborizada. Yo, que no esperaba esa propuesta y que no estoy acostumbrado a ser amigo de una niña que me tiene flechado, solo atiné a responder con voz temblorosa:

—Sí, bueno, claro, por supuesto, no hay problema, quiero decir… que sí, ¿por qué no?, tú y yo amigos, está bien, es decir que… acepto.

—Mira, Javier, quiero que borres esa mala imagen que debes guardar de mí, y por eso, ahora que has aceptado ser mi amigo, quiero hacerte una invitación.

—¿Una invitación? ¿A qué? ¿A dónde?

—Será este sábado, en mi casa, a las 6 de la tarde. He organizado una fiesta de pijamas para todos mis amigos y amigas. ¿Has asistido alguna vez a una fiesta de pijamas?

—No —le respondí sorprendido—, nunca me han invitado a una. ¿Debo llevar mi ropa de dormir para ponérmela en la fiesta?

—No —dijo ella sonriendo, luego me tomó del brazo y me invitó a que camináramos—, debes ir a la fiesta con tu pijama favorita, es muy divertido, porque hay pijamas de todos los colores y de todas las formas. Bailaremos, cocinaremos pizza y contaremos historias de terror, ¿qué te parece?

—Un poco extraño, pero ¡genial!, cuenta conmigo.

Luego Ángeles añadió:

—Tengo que pedirte un favor muy especial, Javier... bueno, en realidad son dos favores. El primero: que no faltes, quiero que olvidemos el mal momento que viviste hace unos días y que me perdones.

—No te preocupes, prometo que asistiré. Y ya no vuelvas a machacar con que si te perdonaré, ¿somos amigos, no?

—Está bien, y te lo agradezco de verdad, pero hay otro favor que debes hacerme: te suplico que no comentes con nadie de la clase sobre esta fiesta. La razón es sencilla, no podré invitar a todos, mi casa es pequeña, y quiero evitar que algunas personas se molesten conmigo. He invitado solo a los amigos a los que más quiero y a todos les he pedido mucha discreción.

Ella dijo "a los que más quiero" y sé que me puse como una manzana, las mejillas me estallaban de tanto calor.

—No te preocupes, Ángeles, te prometo que no lo comentaré con nadie.

—Con nadie, nadie, nadie —repitió ella abriendo sus inmensos ojos negros.

Finalmente me entregó un papel con su dirección, el mapa para llegar a su casa y su número telefónico.

—Te apunto mi número por si tienes dificultad para encontrar la dirección. Si eso ocurre, me llamas y yo te lo explico más claramente.

Escribió con números torcidos el teléfono de su casa y firmó al final del papel blanco con su nombre "Ángeles", lo subrayó y al final de la línea dibujó un minúsculo corazón.

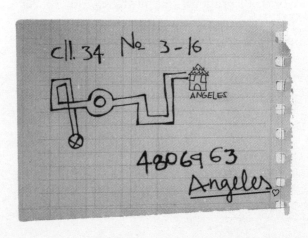

Esa tarde llegué a casa y le enseñé el papel a José.

—Se muere por ti —dijo él con sonrisa de Antonio Banderas—, la tienes comiendo de tu mano.

3

—Cuando una chica te da su número telefónico sin que se lo hayas pedido, eso solo significa que se derrite de amor por ti.

Eso me lo dijo José, y él sí que sabe de esas cosas, no porque sea un donjuán, está claro que la única novia que ha tenido fue una grandulona que lo tenía amenazado con darle un golpe en la cabeza si decía lo contrario. Pero admito que José sabe de chicas, porque siempre se ha gastado unos amigotes que se las dan de galanes y que están permanentemente rodeados de mujeres. Supongo que de ahí conoce la teoría e intuye la práctica.

—¿Y qué rayos se supone que debo hacer con esto? —le pregunté a José mostrándole el papel que Ángeles me había dado.

—Pues si te gusta, llámala, no seas bobo. Busca un pretexto cualquiera, que si no sabes cuál es la tarea de ciencias, que si mañana tienen clase de deportes… te aseguro que ella debe estar pegada al teléfono esperando escuchar tu voz.

Así lo hice, marqué lentamente el 4-8-0-6-9-0-3, timbró por tres ocasiones y entonces alguien con voz femenina contestó.

—Aló.

—...

—Aló.

Era ella, lo sé, podría reconocer su voz de ángel... bueno de Ángeles, entre un millón de voces.

Hubiera querido poder decirle. "Hola, Ángeles, soy Javier, y al igual que tú me moría de ganas de hablar contigo". O quizá: "¿Sabes, Ángeles? Me di cuenta de que tú no tienes mi número telefónico y probablemente en algún momento te gustaría llamarme, así es que por favor apúntalo en algún lugar importante porque no te lo repetiré, puedes escribirlo en tu libreta, en tu diario íntimo, o en tu mano con un bolígrafo de tinta indeleble".

Pero no fui capaz de pronunciar ni una sola palabra, me quedé pasmado, era la primera vez en mis 12 años que yo llamaba por teléfono a una chica y eso era toda una hazaña. Ella colgó. Seguramente se aburrió de esperar que yo me identificara y colgó. José, que estaba de pie frente a mí, me miró y preguntó:

—¿Y?

—Este, no, nada, respondió la contestadora automática.

—Sí, claro, y yo soy Papá Noel, no te atreviste a hablar, fue eso, ¿cierto? Eres cobarde como una gallina.

El resto de la tarde me la pasé encerrado en mi habitación apuntando el número telefónico de Ángeles en todos los lugares posibles. Primero en una libreta telefónica que tenía prácticamente vacía de información. A los doce años los únicos números que tienes registrados en una libreta son necesarios pero aburridos: tienes el número de la oficina de tu padre, el de los abuelitos, el de la tía y el de los bomberos. Esta era la primera ocasión en que mi libreta se veía inaugurada con el nombre de una chica.

Escribí "Ángeles" en la A, no porque no supiera su apellido, sino porque quería encontrarla siempre con su nombre y no con un extraño "García", además quería encontrarla en la primera página, antes que al resto del mundo. Apunté su número y de inmediato me atacó el temor de que podría perder esa libreta, entonces decidí escribir también ese número en mi cuaderno de tareas. Pero los cuadernos también pueden perderse, se los pueden robar, o pueden echarse a perder, a veces las páginas se rompen o desaparecen; entonces apunté el número de Ángeles en la pared justo detrás de mi cama, para que nadie me descubriera. Pero ahí fue cuando recordé que de vez en cuando a mamá le da por pintar la casa para "renovar el estilo", y llegado el caso el número de Ángeles podría cubrirse con un tono pastel o un rojo chillón según dicte la moda arquitectónica. Finalmente se me ocurrió una idea brillante, el único elemento que jamás desaparecería de casa y que nadie se lo robaría (porque era horrendo) era una fotografía en la que estábamos José y yo, cuando él tenía 5 años y yo 2, sentados en un caballito de madera en un parque; José tenía un sombrero de charro mexicano y una gran sonrisa de vaquero. Yo, un niño obeso y cachetón a los dos años, aparezco en la fotografía sin sombrero, sin sonrisa, y, casi, casi, sin caballo. Estoy tan desequilibrado sobre el animal de madera, intentando sostenerme de las riendas y de José, que podría apostar que un minuto después de que el fotógrafo hizo clic seguramente yo debo haberme caído de oreja.

Bueno, fui a la habitación de mis padres, desmonté la fotografía del marco y, en el reverso de ella, escribí claramente: A: 480-6903. Luego, la devolví a su sitio y me quedé tranquilísimo.

Al día siguiente en el colegio Isabel me preguntó:

—¿Qué quería ayer Ángeles contigo?

No podía responderle la verdad, le había prometido a Ángeles que no hablaría con nadie sobre su fiesta de pijamas y, además, tenía la impresión de que Isabel no estaría invitada. De lo contrario, el día anterior, Ángeles no habría tenido problema en invitarnos a los dos. Ella, claramente, había sugerido que quería hablar "a solas" conmigo.

—No, nada en especial, quería disculparse por lo del otro día.

—¿Disculparse?

—Sí, fue muy sincera y amable, y quiere que seamos amigos.

—¿No habrás creído en sus palabras, verdad?

—Por supuesto que le creí.

Isabel me miró sorprendida y dijo:

—Pero ya te mintió una vez y con su carita de santurrona estuvo a punto de provocarte la salida del colegio... ¿no lo recuerdas? No puedes volver a caer en sus mentiras.

—Esta vez no está mintiendo, te lo aseguro, me ha dado una prueba de que soy un amigo importante para ella.

—¿Ah sí? ¿Qué prueba es esa?

—...

—¿Qué prueba de amistad tan importante te ha dado? ¿Acaso se ha amputado uno de sus largos rizos por ti?

—No te burles, Isabel, Ángeles ha hecho algo muy especial conmigo.

—¿Y qué es eso tan especial?

—Me ha dado...

—¿Qué?

—Me ha dado su número telefónico.

Isabel soltó una carcajada larga y amplia. Luego me miró de frente y dijo:

—Bueno, por suerte solo te dio su número, porque si llega a regalarte la guía telefónica de la ciudad, de seguro te casas con ella.

4

Isabel no comprendía lo que estaba ocurriendo y yo no podía entrar en detalles para explicárselo. Éramos amigos, andábamos juntos casi todo el tiempo y yo le estaba muy agradecido por lo que había hecho por mí; pero definitivamente ella no estaba lista para entender lo que Cupido estaba maquinando con Ángeles y conmigo: desde el primer momento él había estado aleteando muy cerca de nosotros y apuntando con sus flechas a nuestros corazones. Es verdad que algunos inconvenientes se habían presentado pero los estábamos salvando como seguramente los resuelven los enamorados.

Durante los días siguientes me dediqué a elegir la pijama que utilizaría en la fiesta.

Por suerte tengo una tía, se llama Alicia, que en cada Navidad, en cada cumpleaños, en cada Día del niño, en cada Día de reyes, en cada aniversario de la independencia del país, en cada carnaval, en cada día de la lucha contra la contaminación ambiental, ella envía a casa dos paquetes, uno para José y otro para mí, que contienen sendas pijamas de algodón. Por lo tanto, cualquiera que abra la puerta de mi armario, se podrá dar cuenta de que tengo siete millones cuatrocientas mil pijamas, de todos los colores, con todo tipo de estampados y leyendas. Las tengo de manga larga y de manga corta, con botones y sin ellos, con cuello de camisa y con cuello tortuga, con pantalón largo y hasta media pierna. Incluso tengo una que tiene una cuerda junto al pie derecho y una leyenda que dice: "Pijama para sonámbulos, ate la cuerda a la pata de la cama".

La que decidí usar es bastante sencilla, una de mis preferidas, es de color azul, de algodón, y tiene muchísimas ovejas blancas que van saltando y enumerándose desde el 1 hasta el 100. Pensé que sería bueno llevar una pijama divertida, pero no "tan divertida" como para convertirme en el bufón de la fiesta.

El día sábado llegó y durante toda la mañana le pedí a José que me "asesorara" en lo concerniente a una fiesta de pijamas.

—No te compliques tanto —dijo él—, ya sabes que no eres muy bueno para el baile; entonces te aconsejo que no te esmeres de-

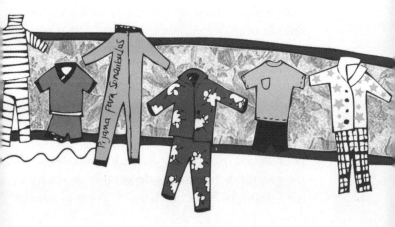

masiado en convertirte en la perinola de la fiesta, quédate a un lado charlando con tus amigos o con la chica que te interesa.

—Pero, no tengo muchos amigos y no quiero estar solo... ni siquiera sé quiénes serán sus invitados.

—Bueno, entonces concéntrate en la chica que te gusta, ¿se llama Ángeles, no? Habla con ella.

—Sí, está bien, pero... qué digo, y cómo lo digo, y en qué momento lo digo.

José me miró con lástima. Y con rabia. Aprovechó para burlarse de mí durante tres minutos y medio, y así ratificó su poder jerárquico y prepotente de hermano mayor. Luego de enumerarme, en voz alta, todos los sinónimos de "eres un zoquete", pasó a responder mis inquietudes:

—Dile que está muy linda, que su pijama es la más bonita que has visto en tu vida, que baila como un cisne, que sonríe e ilumina al mundo, que tiene una voz muy dulce y una mirada muy tierna, que sus manos tersas son tan suaves como el pétalo de una rosa.

Bueno, es posible que yo haya parecido un burro con tanta pregunta, pero de algo estoy absolutamente seguro y es de que me niego a convertirme en un cursi de cuarta categoría como lo sugirió José. Yo no me veo, ni en la peor de las pesadillas, diciendo "Ángeles... me encantan tus manos de pétalos de rosa y me fascina tu baile de cisne"... porque, además, lo confieso, no he visto nunca a una rosa con manos ni a un cisne bailando.

A las seis de la tarde llegaron mis padres y yo estaba a la espera, convertido en un puñado de nervios. Hasta ese momento todo había estado muy bien, salvo la elección de los zapatos más adecuados. ¿Cuáles son los zapatos que mejor combinan con una pijama? Las pantuflas, ¡por supuesto!, pero con ellas debe ser complicadísimo bailar. Yo me defiendo bastante bien en la música electrónica, pero en los ritmos tropicales soy regular, a veces malo y casi siempre desastroso. Probé mi pijama de ovejitas con mocasines… fatal. Intenté con zapatos botines de cuero… me veía de lo más ridículo. Con los zapatos de fútbol no me fue mejor. Finalmente decidí optar por los zapatos deportivos, desgastaditos y con buen recorrido, y por eso muy confiables a la hora de intentar pasos de baile creativos.

En el camino pensaba cómo sería la pijama de Ángeles. Pensé que sería blanca o de color pastel, sencilla, sin estampados ni encajes horribles. Sí, un modelo fresco. Es decir… imaginé que ella utilizaría exactamente lo contrario a lo que normalmente usa mi mamá, que antes de meterse a la cama se disfraza de esquimal. Para mi mamá solo existe una estación en la noche: el invierno polar ártico. Mientras la gente normal se desviste antes de dormir, mi madre se echa encima todo lo que encuentra en el armario (gorro, bufanda y calcetines incluidos). Cada noche cuando entro a la habitación de mis padres para despedirme y darles el beso de buenas noches, tengo que hacer verdaderos actos de magia para descubrir dónde tiene la mejilla mi mamá. Su rostro se encuentra prácticamente oculto tras metros y metros de bufandas de lana. Parecería que mi padre duerme cada noche con un astronauta.

En fin, subí al automóvil de papá y le entregué el mapa que Ángeles había dibujado para mí. Demoramos casi media hora en llegar a nuestro destino; aunque mi padre es un experto en comunicaciones... es el rey del despiste cuando debe encontrar una dirección.

Llegamos y mi corazón comenzó a latir con una velocidad exagerada. Las rodillas me temblaban. Antes de bajarme del automóvil le pedí a papá que se esfumara, no quería que me vieran llegando como si tuviera 5 años y fiesta con payaso y globitos. Papá se negó y dijo que no se movería de ahí hasta asegurarse de que entrara a la casa sano y salvo. Inclusive tuvo la intención de hablar, cara a cara, con el padre o la madre de Ángeles para consultarles cuál sería la hora más oportuna para retirarme de la fiesta.

Poco me faltó para armar un berrinche ante esta propuesta, le supliqué que no me avergonzara, que se diera cuenta de que yo ya no era un bebé. Por suerte, lo convencí.

Finalmente negociamos la hora en que pasaría por mí (a las diez y media de la noche, ni un minuto menos) y me bajé del auto.

El portón de la casa era blanco, como imagino que será el ingreso al cielo. Toqué el timbre y del otro lado alguien, con voz femenina, preguntó por el citófono:

—¿Quién es?

—Soy Javier y busco a Ángeles.

La voz femenina se mostró sorprendida:

—¿Javier?

—Sí, eso he dicho… soy Javier.

De inmediato escuché gritos arrebatados como fondo: "Ya llegó, está afuera; Ángeles, ya llegó Javier". Eso me dio mucha seguridad, las amigas de Ángeles, sus cómplices, sus compinches, parecían también emocionadas al saber que yo había llegado.

El timbre que abría la puerta sonó y entonces me despedí de papá:

—Te veo a las diez y media, ya vete por favor.

Caminé por un largo jardín hasta la casa y pude ver que en el interior algunas luces estaban encendidas. Antes de que pudiera tocar a la puerta, esta se abrió escasos centímetros, solo lo suficiente como para que apareciera el rostro de Ángeles, ella me miró y, visiblemente exaltada, me dijo:

—Qué bueno que viniste, Javier, te estaba esperando.

Ella sonrió. Yo… en las nubes.

Estaba bellísima, más que nunca.

La puerta se abrió por completo y pude entrar a mi primera fiesta de pijamas.

Y la última.

Tan pronto pasé el umbral de la puerta me di cuenta de que había cerca de 25 invitadas e invitados.

Ninguno de ellos llevaba pijama.

5

Existe en el mundo algo conocido como "Los récords Guinness". La idea original, en sí misma, parece interesante: conocer hechos sorprendentes, curiosos y exagerados de la humanidad. Pero he leído que existen récords absurdos o incluso estúpidos; no me sorprendería que ya constaran inscritos por ahí el récord del hombre que más agujas se ha clavado en la nariz, el de la mujer que más sandías ha devorado dentro de un elevador o, el de los funcionarios públicos que mayor número de globos han reventado en un minuto. Si existe la manera de registrar nuevos récords estúpidos, yo sugiero uno que pude presenciar en la fallida fiesta de pijamas: la carcajada más larga perpetrada por 25 atorrantes.

Cuando entré con mi pijama azul de ovejitas y zapatos deportivos, me quedé aturdido, no entendía lo que estaba ocurriendo. Las risitas que en un inicio pretendían algo de disimulo, luego se convirtieron en carcajadas abiertas, groseras e insoportables. Lo primero que se me ocurrió pensar fue que el resto de invitados tendrían sus pijamas guardadas en algún sitio y que se las pondrían luego, en el transcurso de la fiesta. Los miraba a todos y no salía de mi asombro, parecían modelos de revistas para adolescentes, mientras yo me sentía como la abuelita de la Caperucita Roja. Ellas lucían pantalones apretados y labios maquillados con un ligero brillo color rosa. Ellos, pantalones holgadísimos y cabellos desordenados (de aquellos que se logran tras varias horas frente al espejo, en jornadas muy largas que implican desordenar un mechón, y luego otro y repetir esa acción hasta obtener el *look* de "acabo de despertarme hace dos minutos"). En ambos casos se notaba que llevaban su ropa preferida, la que había salido de la tienda de moda antes de que la pusieran en la vitrina.

Ángeles se aproximó a mí, con los ojos inyectados de placer, iguales a los de los vampiros que acaban de desayunar una vaca, y me dijo:

—No tenía idea, Javier, de que te gustaba vestir de manera tan extraña para las fiestas.

—Pero Ángeles, tú me dijiste que…

—Que me encantaría que vinieras, y de verdad me alegra que estés aquí, pero no entiendo qué haces en pijama.

Estaba claro, cualquier cosa que yo dijera, sonaría a un torpe malentendido. Ángeles había apuntado al arco y esta vez había ganado con un gol a cero. Intentar superar ese tanto, con un uniforme tan poco adecuado, parecía una tarea inútil. Nuevamente me había envuelto con sus palabras dulces y yo había caído en la trampa. Me sentía abochornado, descubrí con total intensidad que el rojo no solo es el color del amor sino el de la vergüenza. Ella había deseado que yo quedara como un grandísimo tonto y otra vez lo había logrado.

Naturalmente sentí que no tenía nada que hacer en ese lugar, salvo continuar con mi papel de payaso. Tras la puntería de Ángeles en esta goleada, pensé que lo más digno sería retirarme de la cancha. No sé de dónde saqué fuerza para hablar:

—¿Me prestas tu teléfono?

—Está en la cocina —me dijo señalando a una puerta cercana.

Caminé rodeado del más absoluto silencio. Abrí la puerta de vaivén y entré a la cocina, de inmediato pegué mi oreja a la puerta para escuchar lo que estarían comentando en ese momento. Pero no logré oír ni una sola palabra, porque, en lugar de palabras el sitio volvió a llenarse de risas.

Marqué el número de mi casa y para mi mala suerte me respondió la máquina contestadora: "Usted se ha comunicado con el 323-9895, en este momento no podemos atenderlo, déjenos su nombre, blablablablablá". Dejé

un mensaje-súplica: "Papá, soy Javier, tan pronto escuches este mensaje, ven por mí, necesito volver a casa YA, te estaré esperando en la puerta".

La alternativa de salir por la calle y regresar a casa caminando era simplemente una locura. Primero porque había comenzado a anochecer, segundo porque mi casa quedaba demasiado lejos de la de Ángeles y, a pie, seguramente llegaría a tiempo para mi fiesta de cumpleaños número 67, y tercero porque si ya había permitido que 25 miserables se rieran de mí al verme entrar a la fiesta con mi mejor pijama, ese placer no se lo concedería a los dos millones de habitantes de la ciudad.

A punto de desesperarme ante la terrible idea de quedarme en esa fiesta hasta quién sabe qué hora, recordé que mi padre, "Mr. Comunicaciones", tenía un teléfono móvil, un celular minúsculo y sofisticado que siempre estaba sujeto a su cinturón. En ese momento sentí que lo mejor del siglo XXI, además de mi equipo de fútbol preferido (el Real Madrid), era la tecnología celular. Marqué el número de mi padre y cuando escuché su voz sentí que lo amaba más que nunca.

—Papá, soy yo, necesito volver a casa, la fiesta terminó, ven a retirarme por favor.

—Pero si acabo de dejarte hace diez minutos.

—Sí, ahora no puedo explicarte, pero necesito que vengas por mí, es una "emergencia".

Mi padre es fantástico, nos ha enseñado ciertos trucos de comunicación que se han convertido en un código familiar. La palabra "emergencia" en el planeta Tierra puede utilizarse para casos urgentes ante un terremoto, un incendio, un *tsunami*, una erupción volcánica, un ataque extraterrestre, etc. Pero en el lenguaje familiar, si yo digo que tengo una "emergencia", mi padre entenderá de inmediato que he comido algo que me ha ocasionado un intempestivo problema estomacal y que, si no acude en mi ayuda rápidamente, quizá me someta a la vergüenza universal.

Salí por la puerta de la cocina, de soslayo miré a la casa y pude percatarme de que el baile había iniciado, caminé por el largo jardín y ocho minutos más tarde vi que el automóvil de papá se detuvo frente a la casa de Ángeles. Mi primera fiesta "de pijamas", por suerte, había terminado.

Me subí al auto y mi papá mencionó algo, típico en él, que en esta oportunidad sonó a pregunta fuera del lugar:

—¿Agradeciste a tu amiguita y a sus padres por la invitación?

Eso era lo único que me faltaba, que tuviera que agradecer a la familia García en pleno, la gentileza de haberme avergonzado delante de los invitados de la fiesta, y de haberme tratado como a un estúpido.

—Sí, papá, no te preocupes... agradecí hasta al perro.

Llegamos a casa y José entró al ataque:

—¿Qué ocurrió?

—Nada.

—¿Cómo nada? ¿Por qué has vuelto tan pronto?, ni siquiera son las 8.

No respondí, no tenía ganas de hablar con nadie.

—Anda —insistió José—, cuéntame qué ocurrió.

No te diré nada.

—Ya sé, te equivocaste de fecha, llegaste a la casa de tu amiga y te enteraste de que la fiesta será la próxima semana.

—No.

—Su papá te echó de la casa cuando te sorprendió intentando besarla.

—No, déjame en paz.

Ante tanta insistencia, papá intervino en la discusión para apaciguarla:

—Ya deja a tu hermano en paz, tuvo una "emergencia" y por eso debió salir de la fiesta.

José me miró con lástima e inició la cuenta regresiva:

—10, 9, 8, 7, 6, 5, 4, 3, 2, 1…

Antes de decir "cero" soltó la carcajada más estrepitosa y ordinaria de toda su vida. Y bueno, era comprensible, aunque fuera mi hermano y la ley fraternal nos obligara a querernos y respetarnos, también nos encontrábamos bajo el influjo de la ley de la vida que nos permite burlarnos el uno del otro, cuando una "emergencia" nos echa a perder el primer romance.

José, claro está, continuó pensando que ese había sido el motivo de mi salida inmediata de la fiesta, jamás le dije, y jamás le confesaré, la verdadera razón de mi desgracia.

6

No fue necesario que se lo contara, el lunes a las 8 de la mañana todo el mundo, incluidos Asia septentrional y Oceanía, sabía lo de mi incursión con pijama de ovejitas en la fiesta de Ángeles.

—No te molestes en decirme lo que ocurrió —dijo Isabel un poco molesta—, ya me lo han contado todo.

—Ah, qué bueno, porque como te imaginarás tampoco tengo muchas ganas de ir diciéndole a todo el mundo "Mira, ven y te cuento el ridículo que hice el sábado" —le respondí furioso.

Mi tono de voz debió sorprenderla porque de inmediato se relajó y me preguntó:

—¿Estás enojado conmigo? Pero si yo no tengo la culpa de nada.

—No, Isabel, no estoy enojado contigo, estoy enojado conmigo y con Ángeles, y con todo el Instituto Educativo 1 de Marzo, y con los norteamericanos que inventaron las fiestas de pijamas, y... por hoy, con cualquier ser

vivo que mencione lo del sábado. El mundo entero, hoy, me cae muy mal, ¿comprendes?

—Comprendo. Si te molesté, lo siento, no te diré nada más.

Las horas pasaron e Isabel, amiga solidaria, no volvió a mencionar el tema prohibido. En clase, mis compañeros y compañeras, incluida Ángeles, que en un primer momento habían llegado con toda la intención de aplastarme con sus burlas, al ver mi cara de ogro fueron aplacando sus bajos propósitos.

Aquel día aprendí lo conveniente que puede resultar una expresión en el rostro que, sin palabras, diga "si te atreves a hablarme, comienza a despedirte de tu nariz".

***

Chelito llegó luego del primer recreo con una noticia que, en principio, a todos les pareció fantástica:

—A partir de mañana, cada martes y miércoles hasta el final del año, cada uno y cada una de ustedes tendrá la oportunidad de asistir, durante una hora después de clases, al extracurricular que elijan.

—¿Extracurricu... qué? —pregunté en voz baja.

—Extracurricular —me respondió Isabel—. Son clases especiales, que tomaremos por las tardes.

—¿Y para qué?

—No lo sé, imagino que esas clases son un invento de los maestros para tenernos más tiempo en el colegio, y también un invento de los padres para tenernos menos tiempo en casa.

Matías, un grandote que es un excelente futbolista, levantó su mano y dijo:

—Chelito, yo me apunto a las clases de fútbol.

—Yo también —añadió Isabel entusiasmada.

—Y yo a las de tenis —dijo alguien más.

—Yo al kárate —gritó Felipe a quien las manos le servían únicamente para formar puños y estrellarlos contra la cara de cualquier inocente que pasara a su lado.

—Yo a la gimnasia olímpica —dijo alguna de las chicas.

La clase estaba convirtiéndose en una revolución cuando Chelito levantó sus manos pidiendo calma y silencio, y volvió a tomar la palabra:

—Tengo una excelente noticia para ustedes. A diferencia de los años anteriores, en que las extracurriculares han tenido interesantes opciones deportivas... este año, a petición de nuestro director, el licenciado Seco, las alternativas serán única y exclusivamente de carácter artístico.

Chelito terminó de pronunciar la palabra "artístico", cruzó sus manos frente a su barbilla y nos miró con una gran sonrisa, como esperando a que todos aplaudiéramos y gritáramos: "Gracias, licenciado Seco, por escuchar nuestras plegarias". Pero todos nos quedamos en silencio. El primero que se animó a levantar su mano fue Matías:

—Chelito, ¿el fútbol tiene "carácter artístico"?

—Me temo que el fútbol no estará por ahora entre las opciones, cariño. Pero no te preocupes, porque tendrás muchas y muy interesantes posibilidades para tomar en consideración.

—¿Y cuáles serán esas posibilidades? —preguntó Elisa, con gesto de inquietud, desde la primera fila.

—A eso voy —respondió Chelito emocionada, y de inmediato se aproximó al pizarrón—. Fíjense qué maravilla, estoy segura de que les va a encantar la propuesta de este año. Escribiré aquí una por una todas las clases extracurriculares a las que podrán acceder y de inmediato levantarán la mano los interesados que quieran apuntarse. Vamos a ver...

Chelito estaba realmente fascinada con la sorpresa que nos iría soltando por cucharadas, su vocación de maestra se le desbordaba por los poros.

Ante el silencio más absoluto Chelito, frente al pizarrón, trazó unas líneas, estableció casilleros y en el primero escribió, con excelente caligrafía: Canto.

Volteó su mirada a la clase y haciendo gala de su mejor sonrisa dijo:

—No se atropellen, vamos, uno por uno, díctenme sus nombres, aunque les anticipo que solo habrá espacio para los ocho primeros que se apunten... hay que dejar sitio para el resto de cursos.

—¿Tomaremos clases de canto? —preguntó Matías como si acabara de tragarse una mosca.

—¿No es maravilloso, cariño? El licenciado Seco ha creído conveniente que formemos un coro en el Instituto Educativo 1 de Marzo. Ahora, levanten sus manos quienes quieran apuntarse a esta clase.

Sobra decir que el entusiasmo entre todos nosotros era nulo, diametralmente opuesto al que experimentaba Chelito. Parecía como si todas nuestras manos pesaran toneladas, ninguno se atrevía a moverlas de la mesa.

—¿Qué pasa? ¿No se animan?, ya veo que antes de inscribirse quieren revisar otras opciones, me parece muy bien, vamos con la siguiente.

Volvió a aproximarse al pizarrón y llenó otro casillero con una propuesta insólita: Danza.

La reacción de la clase fue idéntica a la anterior, todos actuábamos como en ese juego de niños en el que decíamos: 1, 2, 3, ¡estatuas!

Chelito comenzó a demostrarnos su preocupación, seguramente ella pensó que todos nos volcaríamos desesperados por inscribirnos en alguna de sus artísticas propuestas extracurriculares. Pero estaba visto que nuestros intereses no tenían mucho que ver con las "divertidísimas" alternativas que el licenciado Seco había considerado.

—La danza es una de las manifestaciones artísticas más bellas, ¿quién se apunta?

Silencio total, si una polilla hubiera estornudado, todos habríamos contestado "salud".

—¿QUIÉN SE APUNTA? —dijo en voz alta, con tono enérgico.

Todos nos mirábamos a las caras para ver quién era el valiente o la valiente que decidía sacrificarse e inscribirse en las clases de esa "bellísima manifestación artística" llamada "danza". Ante la evidente apatía, Chelito continuó escribiendo y leyendo en voz alta la nueva alternativa a tomar en cuenta, esta vez su caligrafía ya no era perfecta ni armónica, ciertos rasgos fuertes delataban que su furia estaba a punto de explotar:

—Siguiente propuesta extracurricular… Expresión Escrita.

Pequeñas gotas de sudor se acumulaban en su frente, nariz y sobre el labio superior. Chelito comenzaba a adoptar una tonalidad en su piel muy parecida a la que habitualmente elegía para sus labios, ropa y cartera.

Aparentemente, la Expresión Escrita, tampoco atraía multitudes.

—Antes de presentarles la cuarta y última opción, quiero recordarles que las clases extracurriculares son o-bli-ga-to-rias, y nadie, absolutamente nadie, se librará de asistir a una de ellas. La siguiente alternativa es: Teatro. Los interesados en tomar clases de Teatro hablen ahora o callen para siempre.

En ese momento, alguien desde la mitad de la clase levantó su mano. Era Julián. Poco faltó para que Chelito diera un alarido y saltara hasta el techo de tanta emoción. Los ojos se le inundaron de lágrimas, los labios se le extendieron de tal manera, hasta lograr una amplísima sonrisa, que faltaron escasos milímetros para que Chelito se mordiera las orejas. Nosotros estábamos cada uno más anonadado que otro.

—Julián, Julián, Julián, te felicito, siempre supe de tus capacidades histriónicas, estoy convencida de que lo tuyo son las artes escénicas, muy buena elección, excelente vocación, cariño.

Chelito avanzó —exultante— hasta el pupitre de Julián, quien —con un rostro desencajado por el pánico— no se había dado cuenta de que seguía con la mano levantada, apuntando al cielo por si un ángel bajaba a salvarlo. Chelito lo invitó a que pasara adelante:

—Quiero que tú mismo, con tu puño y letra, escribas en el pizarrón tu nombre junto al casillero de "Teatro".

Julián se puso de pie, rojo como un tomate, y dijo:

—Chelito, lo siento, levanté mi mano para pedirle autorización porque necesito ir al baño, creo que mi lente de contacto se ha movido y debo colocármelo de nuevo.

No diré que fue la primera vez que vi a una maestra caer muerta, fulminada por un infarto masivo, en medio de sus 25 alumnos; eso sería exagerar. Pero sí diré que por primera vez pude presenciar a una maestra tirándose de los cabellos y dándose de golpes contra el pizarrón mientras gritaba "los odio, los odio, los odio".

7

Una hora después del incidente en el que Chelito estuvo a punto de convertirse en el increíble Hulk, ella entró al salón de clases acompañada por el licenciado Seco. Ambos, juntos, se veían muy graciosos. Ella alta y delgadísima. Él... un hombre repleto de "pocos": poco pelo, poca estatura, poca corbata,

poco betún en sus zapatos, pocos bigotes…
y pocas pulgas (tenía un genio infernal). Lo
único que al licenciado Seco le sobraba era
la barriga.

Frente a todos Chelito tomó la palabra y
nos repitió el sermón de las "artísticas clases
extracurriculares". De inmediato, dio paso al
licenciado Seco y este nos dijo:

—Queridos alumnos, queridas alumnas,
soy un hombre consciente y respetuoso de las
diferencias de opinión que puedan existir entre los seres humanos. Cabe la posibilidad de
que las propuestas que he planteado para sus
clases de la tarde no sean de su total agrado.
Si alguno de ustedes se encuentra en ese caso,
le solicito comedidamente… que busque otro
colegio, porque en este se hace lo que yo or-
deno. He dicho.

Chelito, sonriente, añadió:

—Vamos por orden alfabético… Rafa
Acosta, ¿a qué clase te apuntas, cariño?

Ocho minutos más tarde, y gracias a la cla-
ridad en el mensaje "respetuoso y comprensi-
vo" del director, todos nuestros nombres estaban distribuidos en los diferentes casilleros
del pizarrón. Yo, sin pensarlo dos veces, me
apunté a las clases de canto.

Aunque tengo una voz que da miedo, conozco muy bien cómo pasármelo sin problema en un coro: llegas, te hacen una prueba
para ver si tu tono de voz es alto o bajo, y
como no le atinas a nada, el maestro te pone

en el fondo, atrás de todos, donde no te ve ni Dios, y mientras el resto de coristas con rostros de querubines sonríe con sus largas túnicas y se luce en la presentación frente a sus padres y abuelitos, tú lo único que tienes que aprenderte de la canción es el "bom... bom... bom... bom" y de vez en cuando un "turuáaaa... bom... bom... bom".

No importa si la canción es un villancico, el himno nacional o un pasodoble; cuando no sabes cantar, el profesor toma las debidas precauciones y te deja al margen de todos, repitiendo un sonsonete que resulta válido para cualquier género musical. Es más, si quieres que tus padres se emocionen hasta las lágrimas cuando asistan a la presentación final del coro, puedes aprenderte la parte que más te guste de la canción, sonreír emocionado (quizá hasta aplaudir), y mover los labios como si estuvieras cantando. Así todos creerán que eres la versión reducida de Plácido Domingo y tú no te desgastarás las cuerdas vocales, que buena falta nos hacen para celebrar cada gol del Real Madrid.

Isabel se apuntó también al coro, no sé si por vocación, obligación, curiosidad o solidaridad conmigo. Ángeles se inscribió en las clases de teatro. Cuando la vi escribiendo su nombre en ese casillero, pensé que no había podido elegir mejor alternativa. Si había alguien en el mundo que merecía un Oscar a la mejor actriz (de película de terror) era ella.

Al día siguiente nuestras clases extracurriculares iniciaron y todos asistimos con la
alegría propia de los que van a ser pinchados
por una enfermera.

De acuerdo con lo previsto, mi primer
contacto con el maestro de canto no resultó muy exitoso. Para poder ubicar mi tono,
él me pidió, como a todos, que interpretara *a
capella* cualquier canción, la que más me gus-
tara y con la que me sintiera cómodo. Yo, que
soy lo menos musical del mundo, me quedé
en blanco, la única canción que me venía a
la mente, era "Feliz cumpleaños a ti" y no la
consideré muy oportuna para la ocasión. Por
suerte luego recordé la letra de una, que de
tanto escucharla cada vez que he visitado a
la abuela, me la he aprendido de memoria,
debe ser de la época del Rey Herodes, porque
nadie, salvo mi abuela y sus comadres, la conocen, es una canción en inglés que se llama
"Fly Me to the Moon" y solo la he escuchado
en versión de Frank Sinatra (según mi abuela,
uno de sus muchos ex novios).

Aclaré mi voz y comencé a cantar: "Fly
me to the moon, let me sing among the stars,
let me see what spring is like on Jupiter and
Mars. In other words hold my hand, in other
words baby kiss me…". Aún no había terminado la primera estrofa cuando el profesor
se puso de pie y me llevó fuera del salón. No
me extenderé en relatar toda la palabrería
"amable" que me ofreció como sugerencia

para que abandonara la clase de canto y que eligiera otra opción más "acorde" con mis capacidades.

Por pura curiosidad le pregunté:

—¿Ni siquiera le gustaría escucharme diciendo bom… bom… bom… turuáaaa?

Pero él respondió, tajantemente, que no. Sin embargo y para no lucir tan despiadado, me invitó a que asistiera como oyente a sus clases, durante una semana, imagino que con el afán de que me percatara de lo poco que podía contribuir a la conformación de un coro.

Luego de ese plazo me acerqué a Chelito y le pedí que me permitiera probar con otra clase, ella accedió y me acompañó hasta la de Teatro. El profesor le dijo que la obra que preparaban ya estaba completa, que no requerían de más actores, pero que en todo caso podría hacerme un espacio como extra. Ángeles ocupaba uno de los papeles protagónicos en esta obra que recreaba la guerra de la independencia.

Chelito me preguntó:

—¿Te interesa participar como extra?

Pero antes de que pudiera responder, Ángeles y dos de las brujas de su clan repitieron en coro:

—Síííí, Chelito, deje que Javier se quede, nosotros inventaremos un espacio para él.

Se acercaron a mí, me tironearon del brazo y me llevaron hasta donde se encontraban amotinadas.

Chelito, emocionada, acotó:

—Creo que no podrás negarte ante tan cálido recibimiento, Javier, ¡que lo disfrutes, cariño!

Minutos más tarde, mis "simpáticas compañeras" entraron en guardia, le sugirieron al profesor de Teatro que yo ocupara el puesto de los enemigos y que, para que mi actuación no demorara mucho, yo fuera el primer aniquilado por las fuerzas independentistas. Entonces comenzaron a disputarse quién me clavaría la espada de cartulina y papel aluminio.

—Yo lo mato —suplicaba Ángeles—, deje que yo lo mate, profesor, le aseguro que lo voy a hacer muy bien.

—No, profesor... déjemelo a mí —imploraba Julia levantando su espada—, yo puedo darle un golpe muy fuerte hasta que quede tumbado en el piso y ahí acabarlo con unas cuantas patadas.

—No, dejen que yo me encargue de él —rogaba Alejandra—, yo soy muy fuerte y luego de clavarle la espada puedo arrastrarlo por todo el escenario.

Muy halagador, ¿no? Tres chicas peleándose por mí... el sueño de todo galán.

Lo cierto es que mi intervención en esta obra de teatro consistía en entrar al escenario, gritar "¡Abajo la revolución!" y a los 30 segundos dejarme caer en el piso con una espada de cartulina introducida entre mi brazo y mi costado mientras gritaba: "Agggghhhhhh". El resto del tiempo (una hora) debía permanecer tirado en el escenario, mientras las patriotas, Ángeles y sus secuaces, no perdían oportunidad para pisarme los dedos de las manos.

Bueno… jamás me he planteado el reto de recibir un premio de la Academia, pero tampoco quiero, en mi primera incursión en una obra de teatro, hacer el papel de muerto.

En esos pocos instantes que pude compartir con los del "elenco" me di cuenta de que todos tendrían oportunidad de utilizar un vestuario representativo de la época, tendrían que aprenderse algunas líneas de un guión, incluso ciertos papeles requerían algo de maquillaje especial… pero a mí el profesor me había dicho:

—Tú no te preocupes, te mueres en la primera escena, ven con un pantalón negro y camisa blanca. Ah, y cuando te claven la espada procura que el "Agggghhhhhh" no suene demasiado forzado.

Fui nuevamente donde Chelito, le expliqué que la guerra de la independencia podría, perfectamente, prescindir de mí y al final le supliqué que me consiguiera espacio en otra clase extracurricular.

Nuevamente accedió, no sin antes aclararme que este sería mi último cambio permitido, y me envió con la profesora de Danza. Se llamaba Rita y era una coreógrafa sensacional. Yo, que en un principio imaginé que en clases de Danza me tocaría utilizar una malla blanca y saltar dando volteretas por el piso, descubrí que lo que Rita pretendía era que aprendiéramos a bailar lo que la gente normal baila. Las primeras clases, a las que yo no asistí, habían estado llenas de pasos básicos que sirven para defenderse en cualquier ritmo, de esos que mientras los ejecutas vas repitiendo "un, dos, salto, un, dos, atrás".

Aunque traté de agarrar la onda en las primeras ocasiones, me costó mucho trabajo. Para alcanzar el nivel del resto tuve que practicar en casa con mi mamá y a veces en los recreos con Isabel.

Rita intentaba que aprendiéramos a bailar ritmos tropicales: salsa, merengue y mambo, y también algo de pop, reggae y tecno. Su proyecto para final de año sería invitar a nuestros familiares a un gran musical en el que demostraríamos nuestro talento para bailar como trompos lo que nos pusieran por delante.

Yo no iba del todo mal, estoy seguro de eso; aunque no era una réplica de Rubén Blades, la salsa había comenzado a entenderse muy bien con mis pies. Además, mi compañera de baile era una chica de secundaria llamada Pau (Paula, pero Pau para sus amigos). Era estupenda... 16 años, ojos verdes, un poco más alta que yo (10 centímetros, que no eran muy notorios), cabello negro corto y una sonrisa igual, idéntica a la de Cameron Díaz, lo digo porque tengo pruebas de ello, mi papá tiene un calendario de Cameron en su billetera.

Cuando Rita, la profesora, me dijo "Ella es Pau y será tu compañera de baile" yo sentí que por el resto de mi vida no querría hacer otra cosa que bailar. Imagino que a eso se refiere la gente cuando habla de "vocación"... o de "bocación", porque cada vez que bailaba con Pau, no podía retirar mis ojos de su boca.

Ella era bastante tímida, al principio hablaba poco y se la pasaba pidiéndome disculpas cuando en la velocidad del aprendizaje de un paso, ella me daba un pisotón. Incluso me pedía disculpas cuando el que daba el pisotón era yo. Pero más allá de todo, Pau y yo éramos una excelente pareja de baile. Un día me dijo que una de las cosas que más le atraían de un chico era precisamente su forma de bailar, y que yo lo hacía muy bien.

Que te digan eso por teléfono... bueno, quizá resulte emocionante pero bastante controlable. Si te lo dicen frente a frente, sentados junto al limonero… quedará muy bien, y todavía será bastante controlable. Pero que te lo digan a cinco centímetros de distancia cuando, por regla básica de la salsa, la tienes sujeta de la cintura y ella tiene su mano en tu hombro… eso es para desmayarse de contado.

En una ocasión, durante el recreo, le pedí a Isabel que me ayudara a practicar un complicado paso que debería ejecutar con Pau en la clase de la tarde. Isabel accedió de buena gana, como siempre, y en el transcurso de esta práctica tuvimos una conversación de aquellas que inician de la manera más inocente y terminan como una bomba atómica. Yo le comenté:

—¿Sabes, Isabel? No se lo digas a nadie, pero me he dado cuenta de que Pau me trata de una manera muy especial, yo creo que le gusto.

—No seas tonto, Javier, ella tiene 16 y tú 12, te trata de una manera especial porque podría ser tu madre.

—Lo digo en serio, Isabel, he podido notar en su mirada que no le soy indiferente.

—Por supuesto, no te mira con indiferencia porque eres bastante más pequeño que ella, si deja de mirarte probablemente tropiece contigo —dijo Isabel riendo.

—No exageres, estoy seguro de que en cuestión de meses los dos seremos del mismo tamaño, las chicas se desarrollan más rápido

que los chicos. Pero además hay otra cosa…
Pau no me dice Javier, ella me llama Javi.

—Bueno, imagino que no será la única
que te dice así, apuesto a que tienes alguna
tía de la tercera edad que cuando te saluda te
pellizca el cachete y te dice "Hola, Javi, qué
crecidito estás". Las viejas saludan así, admí-
telo, Paula es una vieja para ti.

—Contigo no hay caso, Isabel, tú no entiendes nada, no tienes ni la menor idea de lo
que es el amor.

Isabel me miró con furia, nunca la había
visto así, los ojos casi se le salían del rostro.
Se plantó delante de mí, dejó de bailar y me
dijo:

—¿Y tú sí? ¿Tú sí entiendes lo que es el
amor? A ver… "Romeo", dale, explícame.

—No, prefiero no discutir contigo. Mejor
lo dejamos ahí, ¿te parece?

—Pues no, no me parece. Quiero que me
expliques esa cosa maravillosa que consiste
en enamorarse de una bruja como Ángeles,
que no ha perdido la oportunidad de burlarse
de ti. O enamorarse de una vieja de secundaria que te parece divina solo porque te llama
"Javi".

—Yo nunca te dije que estuviera enamorado de Ángeles.

—Ni falta que ha hecho, porque aún se te
nota en la cara de tonto.

—Tonta serás tú que no entiendes nada,
Isabel. Tú no sabes lo que es el amor.

—¡Y tampoco quiero saberlo! —me gritó con los ojos repletos de lágrimas—. Si el amor es una cosa que te convierte en un bobo, si el amor hace que te enfades con los amigos y que les digas cosas feas… no lo quiero conocer nunca. Si el amor es lo que mi mamá y mi papá se prometieron un día, para luego destrozarlo frente a mí, no quiero entenderlo jamás, ¿comprendes? ¡Jamás!

Isabel dio media vuelta y salió corriendo. También yo me sentía molesto y por eso preferí no salir detrás de ella.

Luego del recreo apareció en el salón de clases con la nariz y los ojos enrojecidos.

—No es nada —respondió cuando Chelito le preguntó qué le ocurría—, creo que he agarrado un resfrío.

El amor

1

—Aló, abuela, soy Javier.

—¡Lagartijo! Me tenías abandonada. Hace seis días que no te escuchaba.

—Abuela, tengo que hacerte una pregunta muy importante y necesito que me respondas de la manera más clara posible.

—Pero si ya hablamos de cómo vienen los bebés al mundo, no vengas ahora con que quieres más detalles.

—No es eso, lo de ahora creo que te resultará un poco más sencillo.

—Bueno, vamos a ver, dime de qué se trata.

—Lo que necesito, abuela, es que me digas, exactamente, qué es el amor.

2

Fue un martes, a primera hora de la mañana, antes de que el timbre de entrada sonara, cuando Pau me fue a buscar al salón de clases. Lucía nerviosa y se restregaba las manos.

—Eres un encanto… nos vemos después de clases.

A cinco metros de distancia Ángeles, que había sido testigo atentísima de esta escena, pudo haber aprovechado la oportunidad para ignorarme o incluso para soltar alguna frase con la cual burlarse de mí (como lo había hecho siempre) pero, para mi sorpresa, me miró con una evidente dosis de furia, como si el beso que Pau me había dado le hubiese provocado dolor de muela.

En otro lado, fingiendo no haber visto nada, estaba Isabel. Tenía en su mano un cuaderno y, cuando se percató de que yo la miraba, comenzó a pasar las páginas como si hubiera estado leyendo o estudiando. Apresuró el paso y entró al salón de clase simulando no haberse enterado de lo que afuera había ocurrido. El timbre sonó e intenté caminar rumbo a mi pupitre. Digo que "intenté" porque luego de que unos labios idénticos a los de Cameron Díaz te han besado en la mejilla, el piso se transforma en una superficie de algodón y plumas sobre la que, más que caminar, provoca flotar.

Isabel estaba a mi lado, en el pupitre, silenciosa. Luego de la discusión mantenida días atrás, habíamos cumplido ya una semana practicando la ley del hielo. No habíamos perdido las buenas costumbres de decir "hola" y "adiós", pero todo el resto, me refiero a la conversación cotidiana, había desaparecido, quizá para siempre. La echaba de menos, pero no tenía idea de cuál sería la manera más adecuada para volver atrás y comenzar a ser amigos desde cero.

No me di cuenta del momento en que Chelito llegó a la clase, ignoro el instante en el que nos pidió que sacáramos una hoja y un bolígrafo; y puedo jurar que jamás la escuché pronunciar la frase "prueba de evaluación". Lo último que recuerdo es haberme sentado en mi sitio, para luego repetir, varias veces en mi mente, la invitación y las palabras que Pau me había planteado minutos antes:

Versión 1:

"Siento un poco de vergüenza… eres la única persona a quien se lo puedo pedir. Quiero que esta tarde hagas algo que no te tomará más de un minuto. Créeme que es algo muy importante para mí. Ahora no te lo puedo explicar, pero no te preocupes, no tiene nada de malo".

Versión 2 (resumida):

"Eres la única persona a quien se lo puedo pedir. Quiero que hagas algo que no te tomará más de un minuto. Es muy importante para mí. No tiene nada de malo".

Versión 3 (más resumida):

"Eres la única persona a quien se lo puedo pedir… no te tomará más de un minuto… no tiene nada de malo".

Versión 4, (la definitiva):

"No te tomará más de un minuto... no tiene nada de malo...".

En ese momento pensé que se necesitaría ser muy tonto para no entender el mensaje: lo que Pau quería de mí, en la tarde, luego de la clase de baile, era un beso de 60 segundos. Le avergonzaba decírmelo porque, claro, ella era una chica tímida y porque lo más convencional debe ser que el hombre propicie el primer beso. Pero yo, que no tengo prejuicios, decidí incluso que estaría dispuesto a besarla sin tomar en cuenta que ella era un poco mayor para mí.

Cerré mis ojos, perdí la noción de tiempo y espacio, y podría asegurar que sentí los labios de Pau sobre los míos...

Pero no solo eso, de inmediato sentí también el codo de Isabel hundido en mis costillas. Sorprendido abrí los ojos y volteé para preguntarle qué sucedía, en ese momento escuché la voz de Chelito que decía:

—El tiempo ha terminado, cariños, pasaré por cada uno de sus sitios retirando las pruebas de evaluación.

—¿Qué prueba? ¿Qué evaluación? ¿A qué hora ocurrió todo esto? —le pregunté desesperado en voz baja a Isabel.

Ella me miró casi sin expresión en el rostro, tomó una de las dos hojas de papel que yacían sobre su pupitre, me la entregó y dijo:

—Pronto, escribe tu nombre. Yo respondí por ti.

Luego tomó la otra hoja y la completó con su nombre: "Isabel Martínez, Séptimo EB".

Tomé la prueba que Isabel había puesto en mis manos, y, algo confundido, se la entregué a Chelito, que sonriente continuó caminando por la clase.

Isabel añadió en voz baja:

No sé en qué mundo vives, Javier, la próxima no cuentes conmigo.

En ese momento sonó el timbre, todavía aturdido miré al frente y me di cuenta de que había cinco preguntas escritas en el pizarrón. Había estado extraviado en la nebulosa du-

rante una hora y, de no ser por Isabel, habría estado embarcado en serios problemas.

Me acerqué a ella, tenía la necesidad urgente de decirle "gracias", de disculparme incluso, pero no me fue posible, ella me miró y más seria que una estatua me aclaró:

—No digas nada, esta vez no fue por amistad, lo hice solo por instinto.

3

La clase de baile fue muy parecida a todas las anteriores, salvo que en esta ocasión yo no podía concentrarme. Miraba al reloj cada minuto, contaba el tiempo que faltaba para enfrentarme a lo que sería un beso de 60 segundos con la chica más linda de la secundaria del Instituto Educativo 1 de Marzo, mi primer beso (este limitado récord no se lo confesaría a nadie).

Rita, la profesora, apagó el equipo de sonido, aplaudió, como siempre, y nos dijo:

—Muy bieeen, los veré en la próxima clase.

Tan pronto la música cesó, Pau y yo nos separamos y, de inmediato, ella me guiñó un ojo. Yo respondí de la misma manera. Nos aproximamos al lugar donde solíamos depositar nuestras mochilas, y para entonces las piernas me temblaban de la misma manera que lo hacen cuando me bajo del carrito de la montaña rusa.

Pau me tomó de la mano, caminamos un largo trecho y me dijo:

—¿Te pasa algo, Javi? Estás frío.

—Nnnno, estoy bien, no te preocupes.

—Pero si estás temblando.

—Todo está bien, Pau, descuida.

—Javi… estoy muy agradecida contigo.

—No tienes que agradecerme Pau, creo que sé lo que me vas a pedir, y yo no tengo problema en concedértelo… es más, hasta me agrada la idea de hacerlo.

La caminata nos condujo al estacionamiento del colegio, donde nuestros padres nos esperaban luego de las clases extracurriculares, ella dijo entonces:

—Bueno, este es el sitio perfecto.

—¿Este? ¿De verdad te parece que este es el lugar más adecuado? ¿No crees que hay demasiada gente?

—Pero eso no importa, yo no tengo problema con que haya tanta gente, ¿a ti te incomoda?

—Bueno… quizá es más emocionante así, ¿no?

—¿Vendrá por ti tu mamá, Javi?

—Seguro, como siempre. Pasará primero por el colegio de mi hermano José y luego vendrá por mí… creo que nos quedan cuatro o cinco minutos antes de que lleguen.

Me acerqué a Pau un poco nervioso, la tomé de los brazos, respiré profundamente, me encomendé a varios santos y cuando estaba a punto de colocar mis labios en posición de beso… escuché un sonido familiar, era la bocina del auto de mi mamá.

—¡Ay, no!, ya vienen por mí, qué inoportunos.

Pau se puso emocionadísima, casi ni me escuchó y atropelladamente me dijo:

—Genial, Javi, ahí viene tu mamá acompañada de tu hermano. Esta es nuestra oportunidad, dile a tu hermano que se baje del auto con cualquier pretexto y en ese momento me lo presentas.

—¡¿Qué?!

—No te tomará ni un minuto, Javi, preséntame a tu hermano, por favor, esto solo puedo pedírtelo a ti.

Todo cobró sentido entonces, 8 largas horas pensando que inauguraría mis labios en un beso de 60 segundos, 8 largas horas pensando que a la única persona a la cual Pau podría pedirle algo tan especial sería a mí… y cuando llega el momento descubro que soy un simple asistente de Cupido… y que tampoco ahora podré estrenar un beso, porque a José, mi hermano mayor, le tocará el primer turno.

El auto de mamá se detuvo y José abrió la ventanilla.

—Hola —dijo mamá—, ¿qué tal la clase?

—Todo bien, mamá —respondí yo, algo turbado.

—Hola, señora, yo soy Paula, compañera de Javi, su pareja de baile.

—Qué bien, Paula, ¿vienen tus padres por ti?

—No, regresaré a casa caminando.

—Nada de eso, ven que te llevaremos a tu casa.

José se bajó del auto para ayudarnos a colocar las mochilas en la cajuela, en ese momento Pau me dio codazo muy poco sutil y yo reaccioné:

—Te presento a mi hermano, se llama José.

Paula lo besó en la mejilla. Sus labios se quedaron adheridos a la piel de José durante 2 segundos, que a mí me parecieron 2 horas. Inmediatamente se apoderó de ella una sonrisa cursi y una mirada de actriz de telenovela que no se borraron de su rostro durante los siguientes veintiocho minutos que duró el trayecto hasta su casa. Mi hermano la tenía flechada.

Yo miré a José y me di cuenta de que él ni siquiera había reparado en la presencia de Pau... a sus 15 años mi pobre hermano solo tenía ojos para Bárbara, una vecina que andaba enamoradísima de un universitario llamado Jorge Luis.

Cuando Pau se bajó del auto, me guiñó un ojo, suspiró y repitió lo mismo que en la mañana había mencionado: "Eres un encanto, Javi".

De vuelta a casa, mamá, que se había dado cuenta de la sonrisa cursi de Pau, hizo un comentario que a mí me sonó patético:

—Ahhh, muchachos… me temo que Cu-pido anda muy cerca.

No se lo dije, pero pensé: "¿Cerca? Claro que sí, pero cerca de que le dé una patada en el trasero".

4

—Abuela… te hice una pregunta, ¿sigues ahí?

—Sí, Lagartijo, estoy aquí.

5

A los seis años dejé de creer en el Ratón Pérez, ese comprador de tonterías que te de-jaba una moneda debajo de la almohada y a cambio se llevaba tu diente; a los siete años dejé de creer en Papá Noel, un gordo vestido de rojo que nunca acertó el modelo de auto de carreras que yo le pedí; a los ocho dejé de creer que los gatos tienen siete vidas (descan-se en paz mi ex mascota, el gato Cayetano); a los nueve mi abuela me contó lo de los espermatozoides y los óvulos y así dejé de creer en el servicio de correo certificado que ofrecían las cigüeñas; a los diez años desarmé un tubo de pasta dental y descubrí cómo le hacen para que la pasta aparezca sobre el cepillo con tres colores separados y no con todos ellos mezclados, ahí había colorante y no magia como yo había imaginado; a los once años me convencí de que los fantasmas no existen; y a los doce estaba descubriendo una nueva patraña llamada Cupido.

No recuerdo en qué momento tuve noticias de él, pero por algún motivo debí convencerme de que ese ángel fofo y barrigón que vuela semidesnudo (de perfil y con la pierna cruzada, para evitar que se vean sus "corvas") y que lleva en sus manos un arco y una flecha… es el responsable de eso que se llama "amor".

Aún no tengo argumentos para ratificar que no existe, pero sí puedo decir, con total propiedad, que es muy posible que Cupido tenga problemas de visión, de olfato, de tacto, pero sobre todo… de puntería.

***

A la hora del recreo Isabel se cambió de zapatos, trenzó su cabello y se colocó un par de guantes de arquero. Aquella mañana de lunes habría un importante partido de fútbol, contra los de noveno año, y entre el público estarían los familiares y amigos de los jugadores. Antes de que Isabel saliera le pregunté:

—¿Cuándo terminará esta ley del hielo?

—En mayo del año 2043 —me respondió irónicamente sin siquiera mirarme.

—Lo digo en serio, Isabel. Me parece que ya duró demasiado, ¿no crees?

—Bueno, quizá no es una "ley del hielo" sino una "era del hielo" y en ese caso podría extenderse por algunos siglos más.

—Isabel, de verdad, necesito hablar contigo.

—Y yo necesito jugar fútbol, en cinco minutos comienza el partido, mis padres deben estar ya en el graderío.

Dicho esto salió con prisa rumbo a la cancha y yo me quedé solo en el salón de clases. Solo, y quizá también un poco afligido.

A los once años, hace tan solo unos meses, mi vida era mucho más simple, no vivía los laberintos en los que ahora caía frecuentemente. Las niñas me parecían "seres vivos" y poco me importaba si me miraban o no. A los once años no me daba por enterado si ellas se peinaban de tal o cual manera, o si tenían los ojos verdes o marrones… qué digo, a esa edad ni siquiera me había dado cuenta de que las niñas tenían ojos.

Pero por algún motivo que todavía no tengo claro, un día las cosas cambiaron drásticamente, sin que nadie me entregara un manual de funcionamiento para lo que me tocaría vivir.

En el colegio tienen la amabilidad de explicarte que tu cuerpo va a cambiar, pero resulta que cuando te dan la noticia tú ya has tenido la escabrosa oportunidad de presenciar cómo te ha crecido un grano descomunal en plena punta de la nariz… y es que, bueno, también te ha crecido la nariz a un tamaño casi casi idéntico al de tu zapato.

De pronto un día despiertas y vas corriendo donde tu madre y le dices desesperado:

—¡Por favor, llévame a un médico, mira estas cosas que han crecido junto a mi cabeza!

Entonces tu madre te mira, bosteza y te responde:

—Son tus orejas, ya deja de gritar.

Que tu cuerpo cambie… vaya y pase, pero nadie te sabe explicar en detalle cómo van a cambiar tus gustos, tus pensamientos, tus sensaciones. Nadie tiene la cortesía de anticiparte que el corazón va a inaugurarse con una agitación exagerada más conocida como "taquicardia", y no precisamente porque acabes de romper el cristal de la casa de un vecino con un pelotazo, sino por motivos tan misteriosos como una niña a la que descubres en el baño de mujeres, acomodándose un mechón de pelo que ha resbalado sobre su mejilla.

Nadie te dice que habrá ocasiones en que tus manos se revelarán contra ti, te desconocerán como su dueño y señor, y te ocasionarán una situación por demás incómoda, cuando a punto de saludar a una chica o de invitarla a bailar... sientas que tus manos sudan de la misma manera que lo hacían cuando regresabas de la tienda de la esquina con un billete arrugado y cinco monedas en el puño herméticamente cerrado para que no se te cayeran. Claro... hasta los once años sudas cuando te has dado mil vueltas en la bicicleta, cuando has corrido en un partido de fútbol. Sudas cuando en pleno verano la ciudad se ha puesto a 40 grados centígrados y cuando ves que el perro gran danés de los vecinos te está confundiendo con un gato. Pero llega un momento de la vida en que sudas como la tapa de una cacerola cuando estás cerca de una niña, sí de una niña (de aquellas que hasta hace poco tiempo te habían parecido "seres vivos" y punto).

Pero eso no es todo... has pasado años de tu vida repartiendo besos voluntarios a tu madre y a tu abuela; y besos inevitables a algunas tías bigotudas. Pero a los 12 años "el beso" se convierte en algo que de solo imaginarlo con alguna de tus compañeras de clase o alguna de tus amigas, te pone la piel de gallina.

Y luego viene el amor, un tema que hasta ese momento te ha parecido algo de mujeres que juegan a la casita. Tu anécdota más cercana sobre el amor ha surgido gracias al señor Disney, que nos ha enseñado lo que son los besos y los enamoramientos entre un príncipe

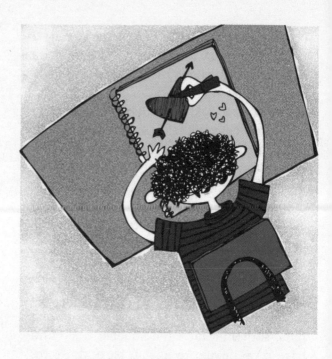

y una chica maltratada por sus hermanastras narizonas. Pero el amor comienza a surgir en tu cabeza como una idea cada vez más preocupante y poderosa. No te das cuenta del momento en que dejas de dibujar robots intergalácticos o monstruos alienígenas en tus cuadernos y, como si tu bolígrafo tuviera vida propia, comienzas a dibujar corazones atravesados por una flecha.

¿Y de dónde rayos aparece esa flecha? Del arco de Cupido, claro. ¿Y quién es Cupido? Las malas lenguas y los ingenuos me habían dicho que era un ángel, con alitas blancas, que andaba flechando corazones enamorados.

Incluso recuerdo haberlo visto en muchísimas tarjetas del día del amor y la amistad. Pero en este punto, y luego de todos los desastres vividos, yo tengo mi propia teoría: Cupido no es un ángel... vuela, sí; tiene alas, sí; es pequeño, sí; a veces trabaja desnudo como Dios lo trajo al mundo, sí..., entonces Cupido es un miserable bicho con alas.

—Cupido es un murciélago —pronuncié en voz alta, pensando que estaría solo en la clase.

—¿Qué dijiste? —preguntó una voz conocida.

Algo asustado volteé para mirar de quién se trataba, y un poco perturbado me di cuenta de que era Ángeles.

—¿Qué dijiste, Javier?

—¿Ah? No. Nada, pensaba en voz alta. Y tú, ¿qué haces aquí?

—Vine a buscarte —dijo ella con su voz amable en la que yo ya no creía.

—¿A mí? ¿Acaso me vas a invitar a otra fiesta? ¿Una fiesta a la que deba asistir vestido de payaso? Olvídalo, Ángeles, yo no tengo nada que hablar contigo.

—No te vayas, Javier, debo decirte algo importante.

Salí de la clase y quise dirigirme hasta la cancha de fútbol. Ángeles venía detrás de mí pidiéndome que la escuchara:

—Javier, solo quiero que me digas si es verdad lo que la gente anda comentando por ahí.

—¿Y qué es eso que comentan de mí? —pregunté mientras seguía caminando.

—Que Paula y tú son novios.

—Que Pau y yo, ¿qué?

—Sí, que son novios. La vimos hace unos días cuando vino a buscarte al salón. Yo misma me di cuenta de que te dio un beso muy sospechoso en la mejilla.

Ángeles se veía muy preocupada, celosa quizá, y yo tenía ahí, en mis manos, la oportunidad para decir: "Sí, Pau es mi novia, se derrite de amor por mí". Pero no tenía sentido, eso en algún momento podría significarme un nuevo problema.

—Mira, Ángeles, Pau y yo somos muy amigos, nada más que amigos, ¿contenta?

Una sonrisa gigantesca se apoderó del rostro de Ángeles, (diablos, odio admitir lo linda que continuaba pareciéndome), y en ese momento, inesperadamente, se abalanzó sobre mí, con un abrazo que jamás estuvo ni en mis sueños más irreales.

—Javier, es la mejor noticia que me has podido dar. De verdad, estoy muy feliz, me alegra tanto escuchar eso.

Lo que vino en adelante puede inscribirse como un nuevo récord Guinness: "el récord a la nariz más descalabrada". En medio de tanta "dicha", Ángeles se colgó de mi cuello con un abrazo interminable y un beso en la mejilla que, de tan apretado, parecía que me iba a taladrar hasta el pómulo. Yo no entendía nada de lo que estaba ocurriendo, pero entonces no imaginaba que la peor parte estaba por llegar:

Ángeles se alejó de mí, en medio de sonrisas y con la promesa de "todo será diferente, Javier, ya lo verás", yo continué caminando hacia la cancha de fútbol, desconcertado por lo que había ocurrido, y en ese preciso momento tres tipos grandotes de noveno año se cruzaron en mi camino. Quise esquivarlos para seguir avanzando cuando uno de ellos, que parecía el hijo mayor de Hulk, me estrelló un puñetazo en la nariz, tan fuerte que me lanzó al piso.

—Mira, enano —dijo muy molesto—, si te vuelvo a ver acercándote a Ángeles, te prometo que la vas a pasar peor. Te lo advierto.

Aún tirado en el piso, lo primero que pensé fue que ese gigantón sería el hermano celoso de Ángeles, que habría presenciado el abrazo y el beso que ella me había dado… pero no, mis escasísimos conocimientos de genética me indicaron que esos dos no podrían ser hermanos ni parientes lejanos, Ángeles era linda y delicada, este era siniestro, feo y grandulón.

Ese tipo debía ser uno más de los pretendientes de la "celestial" Ángeles. Seguramente él, como alguna vez yo, había sido flechado por Cupido… pero a él la flecha se le había clavado en las canillas, por eso andaba de tan mal humor.

Cuando me levanté del piso advertí que sangraba, y como ya tenía experiencia en el tema, sin pensarlo dos veces di media vuelta, presioné mi nariz con los dedos pulgar e índice, y avancé hasta la enfermería.

Cuando llegué, me di cuenta de que no era el único maltrecho y accidentado del recreo… sobre la mesa de la enfermería sollozaba Isabel.

6

—¿Qué ocurrió, qué te pasó, Isabel? —pregunté angustiado pero con voz de idiota (tenía la nariz tapada con mis dedos).

Nadie me respondió; una señora, desconocida para mí, calmaba a Isabel cariñosamente acariciándole la cabeza mientras la enfermera decía:

—Vamos a tener que coser esta herida, tres o cuatro puntos quizá. Yo preferiría que fuéramos a una clínica.

En vista de que nadie me explicaba nada, me acerqué a la camilla y vi que Isabel tenía el labio inferior muy lastimado.

—¿Qué le pasó a Isabel?—volví a preguntar en voz alta (aunque con la nariz tapada sonó "¿Qué le pesé e Esebel?").

En ese momento Chelito, que también estaba en el lugar me miró, quiso darme una explicación, pero se percató de que yo también estaba herido.

—¡Santo cielo! Otro más… ¿qué te ocurrió, Javier?

Me ayudó a encaramarme sobre la camilla, me senté junto a Isabel, ambos nos miramos, hinchados y sangrantes, y aunque ella lloraba del dolor y yo casi… no pudimos evitar una breve carcajada.

La enfermera me revisó la nariz y dictó su sentencia:

—Me temo que hay fractura… tendremos que sacar una radiografía, acomodar el hueso para luego enyesar.

La señora desconocida, que yo asumí sería la mamá de Isabel, dejó de acariciarla y pasó a hacerme cariñitos a mí.

—No te preocupes, no te va a pasar nada malo, iremos a una clínica para que Isabel y tú sean atendidos por especialistas. Dame el número telefónico de tus padres, les avisaré ahora mismo.

Intenté sonreír para agradecer su amabilidad, pero la enfermera me había metido tres kilómetros de gasa en las fosas nasales y la cara me dolía mucho.

—Gracias, señora, mi teléfono es el 323-9895.

Chelito y la señora se dirigieron al escritorio donde reposaba el teléfono de la enfermería y yo aproveché para hablar con Isabel:

—Qué bueno que tu madre vino a verte, no sabes lo que daría por que mamá estuviera aquí.

Isabel me respondió pausadamente, el dolor le impedía hablar de corrido:

—Ella no es mi mamá… (ay) es Teresa, la señora que cocina en mi (ay) casa y me acompaña hasta la noche cuando mi madre llega de su trabajo (ay).

—Pero… creí escucharte que tus padres vendrían a presenciar el partido de fútbol.

—Eso fue lo que (ay) prometieron, pero ya llevo once años acostumbrada a que me prometan cosas que jamás pueden cumplir.

En ese momento recordé lo que tiempo atrás Isabel me había confesado: ella odiaba las promesas. Quise cambiar de tema para que no se sintiera peor y dije:

—¿Y cómo terminó el partido?

—¡Bien! ¡Ganamos! Un gol (ay) a cero, aunque me metieron un codazo, pude tapar todos los ataques (ay).

En ese momento la señora Teresa interrumpió:

—Isabel, yo te llevaré a la clínica, tu mamá me ha dicho que ella irá directamente para allá cuando salga de una junta importante, tu padre pasará en la noche por casa para visitarte. Javier, pude hablar con tu madre, se puso muy nerviosa, pero ya le dije que estás bien, ella viene en camino para el colegio.

Ambos, Isabel y yo, repetimos en coro:

—Gracias (ay).

***

Al día siguiente mamá tampoco creyó oportuno que yo faltara a clases.

—Sí, sí, ya lo sé, para escuchar las lecciones no necesito la nariz.

Al llegar al colegio recordé mi segundo día de clases, cuando todos me miraban con admiración y respeto. En esta ocasión la cosa era muy distinta, caminaba por los pasillos y patios, con el rostro morado y un kilo de yeso rodeando mi nariz, mientras más de uno murmuraba:

—¡Qué tonto! Se le ocurrió meterse con la chica que le gusta a "Gorilón"... ahí tiene su merecido.

Antes de entrar al salón de clases me encontré a Ángeles, que me esperaba con una tarjeta de "mejórate pronto" en sus manos, en el sobre había un dibujo de Cupido, que me puso los pelos de punta.

—Javier, me he enterado de todo, no sabes cuánto lo siento, yo nunca quise que...

La interrumpí cuando ella pretendió acercarse para abrazarme y aunque con el yeso me resultaba imposible pronunciar las letras "n" y "m" (sonaban igual a la "d" o como la "b", respectivamente) intenté que comprendiera mi mensaje:

—Ádgeles, por favor do te acerques, do quiero teder bás problebas codtigo. Aléjate.

Seguí caminando y avancé hasta mi pupitre. Al rato llegó Isabel. Se veía graciosísima, tenía el cachete algo verdoso, y los labios... bueno los tenía tan hinchados que parecía que acababa de tragarse una chancleta.

Se sentó, nos miramos frente a frente y ella, con total dificultad para hablar, me dijo:

—Estás horrihle, hareces un elehante.

Claro... con el labio inferior lleno de hilos y puntos, Isabel no podía hablar con ninguna letra de las que se pronuncian con la boca cerrada, como la "b", la "p" o la "f".

Yo intenté responderle:

—Tú do hables, tiedes la boca como la de ud sapo.

Al intentar reírnos el uno del otro, en coro repetimos un "ay", mientras ella se tocaba delicadamente la boca y yo la nariz.

Durante toda la mañana recibí notitas de Ángeles en las que intentaba explicarme que ella no tenía nada que ver con "Gorilón", que ella quería ser mi amiga, que me invitaba a tomar un helado en el recreo, me decía incluso que con el yeso me veía muy atractivo. Pero yo, duro como una roca, no quería volver a saber nada de la bella Ángeles. Entre tanta correspondencia pude contarle a Isabel la experiencia apasionante que había vivido al conocer de frente y de nariz al pretendiente de Ángeles.

Cuando la mañana terminó, Chelito se acercó a Isabel y a mí y nos dijo:

—Cariños… he pensado que por ahora no sería conveniente que continuaran con sus clases extracurriculares.

—¿Dos podebos ir a casa? —pregunté emocionado.

—No, Javier, tengo una mejor idea.

Cada vez que Chelito decía que tenía una buena idea… ya podíamos ponernos a temblar, de seguro que se aproximaba un plan tan divertido como recitar poemas de gratitud a la leche de vaca.

—¿De qué se trata? —preguntó Isabel.

—Bueno, Javier no irá a sus clases de Danza, porque podría tropezar y agravar aun más su nariz. Tú, Isabel, no continuarás con las clases de Canto, porque, bueno, con los labios afectados te quedará bastante difícil y doloroso unirte al coro; por lo tanto le he pedido a la señora Matilde, tía del licenciado Seco y profesora de Expresión Escrita, que los reciba por unos días. Ella, encantada y generosa, ha accedido.

La profesora Matilde era de aquellas señoras viejecitas que se quedaban dormidas en todo momento y en todo lugar. Cualquier mueble se convertía para ella en el más poderoso de los somníferos... la silla le provocaba sueño, la mesa le provocaba sueño, el pizarrón le provocaba sueño, la puerta le provocaba sueño, incluso el licenciado Seco le provocaba sueño, lo pude constatar cuando el director entró para saludarla y ella alcanzó a responder: "Temis, hijito, qué alegría me da verte", y dos minutos después ella roncaba sin el menor pudor.

No diré que en las clases de Expresión Escrita mi vocación encontró su nidito. Jamás descubrí al espíritu de Cervantes rondando dentro de mí. Lo justo será decir que, sin ser apasionantes, las clases resultaban lo suficientemente seguras e inofensivas para que mi nariz no corriera más peligros.

En nuestro primer día, la profesora Matilde dio la siguiente instrucción antes de quedarse dormida:

—Durante este mes escribiremos poemas, reflexiones, cartas, acrósticos, cuentos y mensajes DE AMOR. Hoy comenzaremos con una pequeña redacción, por favor, saquen sus cuadernos y escriban el título que yo apuntaré en el pizarrón. Se dirigió al pizarrón y lentamente fue escribiendo y pronunciando: "Para mí el amor es...".

Cuando la señora Matilde dijo "puntos suspensivos" Isabel y yo miramos al pizarrón con horror.

Me habría quedado más tranquilo si en ese pizarrón la profesora hubiera escrito: "Para mí el pterodáctilo es…". Pero la suerte estaba echada, Isabel y yo no podríamos escapar de esa frase que semanas atrás nos había convertido, momentáneamente, en dos casi enemigos.

Pasó media hora, la señora Matilde dormía, mientras Isabel y yo teníamos nuestros papeles en blanco. Para romper el silencio y ante la dificultad que los dos teníamos para hablar, se me ocurrió generar un diálogo escrito en mi cuaderno:

—Isabel, ¿sabes quién es Cupido?

—¡Qué pregunta, Javier! Cupido es un ángel, creo.

Cuando yo terminaba de escribir mi parte, pasaba el cuaderno hasta el sitio de Isabel, ella lo leía, respondía y me lo volvía a pasar. Nuestro diálogo continuó así:

—Bueno, Isabel, creo que tengo una versión más auténtica de la verdadera identidad de ese farsante al que todos conocen como "Cupido, el ángel del amor".

—¿Ah sí? Cuéntame cuál es esa versión.

Tomé aire y me dispuse a redactar en detalle mi teoría sobre el embustero bicho con alas:

(Ojo: Escrito en el cuaderno)

—Hace un tiempo creí que Cupido me había flechado, conocí a una chica que me gustó muchísimo, y por primera vez creí que estaba enamorado.

—¿Esa chica se llamaba Ángeles?

—Siempre lo supiste ¿verdad?

—¡Claro! ponías cara de tonto cada vez que ella se acercaba a ti.

Continué con mi exposición intentando ser tan claro y contundente como un científico:

—Bien, digamos que me enamoré de Ángeles, eso supondría que Cupido me habría lanzado su flecha, ¿verdad?

—Verdad.

—Bueno, aquí viene la patraña: yo perseguía a Ángeles, pero ella nunca se fijó en mí. Luego comencé a perseguir a Pau, pero Pau decidió ir detrás de José, mi hermano mayor. José perseguía a Bárbara, nuestra vecina. Pero Bárbara ignoraba a José y perseguía a Jorge Luis, un universitario con bigote que vive en la esquina. Ayer Ángeles, celosa de Pau, ha decidido perseguirme... precisamente cuando yo no lo volvería a hacer ni loco. Y para mi mala suerte, existe un grandote de noveno, apodado "Gorilón" que persigue a Ángeles. ¿Comprendes lo que quiero decir, Isabel?

—Creo que sí.

—Si Cupido existe, Isabel, no puede ser un angelito celestial, tiene que ser una rata con alas que va lanzando flechas sin ningún sentido, provocando este caos de amor y desamor en la humanidad. Hace unos días, cuando discutimos, yo te dije que tú no sabías lo que era el amor, pero…

—¿Pero qué? —preguntó Isabel, dibujando inmensos signos de interrogación.

—Pero quiero confesarte que tampoco yo sé qué rayos es el amor.

En ese preciso momento el timbre que anunciaba que las clases extracurriculares habían terminado sonó. Cabe aclarar que ni siquiera con ese ruido estridente la profesora Matilde despertó de su largo sueño. Se quedó ahí, sentada en la silla, como si los ángeles la arrullaran.

***

Al día siguiente llegué a clase, todavía hinchado, todavía invadido del color morado. Isabel continuaba verde y con labios de pantufla. Parecíamos dos parientes cercanos de la familia Monster.

Cuando por fin tuvimos que acudir a la clase de la señora Matilde y contar hasta siete (ni siquiera hasta diez) para que ella se quedara dormida, me sorprendí cuando Isabel abrió su cuaderno y me lo pasó para que leyera lo que había escrito. Ahí decía:

"Yo tampoco sé lo que es el amor… y no estoy segura de que Cupido exista. Desde que tengo memoria he cruzado mis dedos para que ese ángel apunte y lance su flecha precisa en los corazones de papá y mamá. Pero creo que no lo ha logrado, se ven muy felices desde que decidieron separarse; quizá también esa es una forma de amar y ser feliz. Cuando me dijiste que yo no entendía lo que era el amor, me puse furiosa, pero creo que tenías algo de razón. He crecido rodeada de un amor bastante extraño, un amor que no siempre he podido comprender. Pero lo que más me preocupa es que no sé cómo identificarlo, no tengo pistas claras, si un día el amor llega a mi vida, quizá no lo pueda reconocer y lo deje pasar. No sé cómo dar con él, siento como si tuviera que encontrar a un ser extraviado en la ciudad, pero sin tener idea de cómo son sus ojos, su cabello, sin siquiera saber si es alto o bajo…

Teresa dice que no debo preocuparme, porque cuando el amor llega se anuncia de tal forma que no pasa desapercibido. Yo espero que sea así, porque no quiero pensar que el amor no existe. ¿Tú qué crees?"

No supe qué responder, no tenía ni idea de cuál podría ser la respuesta para esa pregunta. Lo único que pude añadir fue: "Yo creo que el amor debe ser grande y fuerte, si algún día lo llego a conocer, te buscaré, te llamaré por teléfono para contarte cómo es".

Volteé a mirar a Isabel y me detuve en sus ojos durante largos minutos. Largos minutos. Tan largos que es importante escribirlos con muchas "a" en la mitad: laaaaaaaaaargos minutos.

Es curioso pero durante ese tiempo descubrí que Isabel tiene un par de ojos muy bonitos (si tuviera más de un par, no estaría contando esta historia).

No sé en qué pensaba ella mientras me miraba en silencio, pero yo sí sé en dónde andaban mis ideas.

"La voy a besar", pensé emocionado, el corazón me latía intensamente, me sentía fuerte, nervioso pero poderoso. Mis manos transpiraban, mi estómago sentía una mariposa dando vueltas al interior. Cerré mis ojos, intenté traer a mi mente alguna escena de película en la que los protagonistas se dieran un beso, y cuando lo conseguí, ya era demasiado tarde.

Isabel se me había adelantado y sin tanta reflexión había decidido acercarse a mí y darme un beso (el primero… ya era un buen inicio en la búsqueda de un récord Guinness).

7

¿Qué pasaría si el final fuera este? ¿Qué pasaría si decidiéramos inventar una forma distinta para terminar esta historia? Estoy seguro de que si la abuela estuviera aquí, en este momento, me haría estas y otras preguntas.

¿Acaso las historias de amor deben siempre terminar con un beso? ¿Pueden terminar con una promesa? ¿Valdría la pena finalizarlas con una cachetada? ¿Con un autogol?

¿Qué pasaría si Isabel me dijera que estoy loco? ¿Qué ocurriría si ella no sintiera la misma emoción que yo? ¿Qué si Ángeles llegara en ese momento para echarlo todo a perder?

¿Y si en ese preciso momento despertara la señora Matilde y nos sorprendiera besándonos en plena clase? ¿Qué ocurriría si luego de caer al piso con el golpe propinado por "Gorilón", yo hubiera perdido el conocimiento y estuviera, aún, sumido en un larguísimo sueño? ¿Y si todo esto fuera un sueño? ¿Y si toda esta historia estuviera únicamente en mi cabeza?

El final

Supongo que todos quienes creen en Cupido pensarán que el primer beso ocurre en un momento mágico, con música de violines como fondo, con perfecta sincronía al momento de aproximar los labios, con una lluvia de pétalos de rosa y fuegos pirotécnicos en el cielo.

No dudo de que exista gente que piense que el primer beso ocurre entre nubes de algodón, con el arco iris como testigo de la escena.

Bueno, si le sirve de algo a la empresa Récords Guinness, confieso que a mí me tocó ser parte del primer beso más complicado, corto y doloroso, consumado entre una chica con el labio roto y un chico con la nariz enyesada.

Fue un beso fantástico, mucho más lindo que cualquier otro beso que haya imaginado. Estuvo rodeado de algunos "ay", "auch", "ou" y no duró más de siete segundos.

La única música de fondo que nos acompañó fue la producida por los ronquidos incesantes y poco discretos de la señora Matilde.

Inmediatamente después Isabel me miró y me dijo:

—¿Crees que esto se parezca al amor?

—No lo sé —respondí firme— pero creo que me gustaría que lo averiguáramos juntos.

—¿De verdad lo crees?

—Te lo prometo.

Esa fue la primera promesa que Isabel dio por cierta. Y me alegró que así fuera, porque mi corazón estaba más feliz que nunca.

***

—No me has contestado, abuela.

—Mira Lagartijo, no puedo responderte a esa pregunta como tú esperas, porque el significado del amor es algo que te corresponde descubrir solo a ti. Lo único que te diré es que en una historia no existe mejor inicio y mejor final que aquellos que se escriben con la palabra "amor".

—…

—…

—Abuela… ¿Me quieres?

—Claro que sí, Lagartijo, con todo mi amor.